한글 묘법연화경 사경 ❹
목 차

第1卷   송경의식
        서품 제1
        방편품 제2
        비유품 제3

第2卷   신해품 제4
        약초유품 제5
        수기품 제6
        화성유품 제7

第3卷   오백제자수기품 제8
        수학무학인기품 제9
        법사품 제10
        견보탑품 제11
        제바달다품 제12
        권지품 제13
        안락행품 제14

第4卷 종지용출품 제15 ——— 5

여래수량품 제16 ——— 35

분별공덕품 제17 ——— 57

수희공덕품 제18 ——— 87

법사공덕품 제19 ——— 102

상불경보살품 제20 ——— 138

여래신력품 제21 ——— 155

第5卷 약왕보살본사품 제22

묘음보살품 제23

관세음보살보문품 제24

다라니품 제25

묘장엄왕본사품 제26

보현보살권발품 제27

촉루품 제28

【 사경발원문 】

                                               년   월   일

        사경인 :

묘법연화경(妙法蓮華經)
종지용출품(從地踊出品) 제15

1.

그때에 다른 국토에서 왔던 여덟 갠지스강 모래수의 모든 보살마하살이 대중 가운데서 일어나 합장하며 예를 올리고 부처님께 사뢰기를:
"세존이시여! 만약에 부처님께서 멸도하신 뒤에 이 사바세계에서 더욱 부지런히 정진하며, 이 경전을 보호하고 지니면서 독송하며 베껴 쓰고 공양하도록 저희에게 허락하신다면, 마땅히 이 국토에서 널리 설하겠나이다."

2.

그러자 부처님께서 모든 보살마하살 대중

에게 고하시길 :

"그만 둘지라. 선남자여! 그대들이 이 경을 보호하고 지니지 않아도 되나니, 어인 까닭인고? 나의 이 사바세계에 6만 갠지스강 모래수의 보살마하살이 있거늘, 낱낱의 보살들마다 저마다 6만 갠지스강 모래수의 권속들이 있어, 이 모든 사람들이 내가 멸도한 뒤에 이 경을 능히 보호하고 지니면서, 독송하며 널리 설할 것이기 때문이니라."

3.

부처님께서 이러히 설하실 적에 사바세계의 삼천대천국토가 땅이 모두 진동하고 갈라지면서, 그 속에서 한량없는 천만 억의 보살마하살이 동시에 솟아 나왔나니, 이 모든 보살들의 몸이 모두가 금빛으로 32상을 갖췄으며 한량없는 광명으로 빛나더이다.

　이 보살들이 사바세계의 아래 허공 가운데 먼저 머물러 있다가, 석가모니불의 설하시는 음성을 듣자옵고 아래로부터 올라왔으니, 낱낱의 보살들이 전부가 대중들을 이끄는 우두머리로 저마다 6만 갠지스강 모래수의 권속들을 거느렸거늘.

　하물며 5만·4만과 3만·2만과 1만의 갠지스강 모래수의 권속들을 거느림이랴!

　하물며 다시 하나의 갠지스강 모래수와 절반의 갠지스강 모래수와 4분의 1과 내지 천만 억 나유타분의 1과 나아가 천만 억 나유타의 권속들이랴!

　하물며 또다시 억만의 권속들과 천만·백만과 나아가 1만과 1천·1백과 내지 1십이랴!

　하물며 다시 다섯과 넷·셋·둘과 하나의

제자들을 거느린 자와 또다시 홀몸으로 '멀리 여의는 행(遠離行)'을 즐기는 자이랴!

이와 같이 비교한다면 한량없고 끝없어서 산수나 비유로는 도저히 알 수가 없더이다.

4.

이러한 보살들이 땅에서 나오자마자 저마다 허공의 칠보로 된 묘한 탑에 계시는 다보여래와 석가모니불의 처소에 나아가, 두 분 세존을 향하여 머리를 조아리며 발에 예경하고,

모든 보배나무 아래의 사자좌 위 부처님께도 나아가 역시나 전부 예를 올리면서 오른쪽으로 세 번을 돌고, 공경히 합장하고 모든 보살들의 가지가지 찬탄하는 법식대로 찬탄하고서 한쪽에 물러나, 두 분 세존을 흔쾌히 즐겨 우러러보더이다.

이 모든 보살마하살이 처음 솟아 나와, 보살들의 가지가지 찬탄하는 법식대로 부처님께 찬탄하기까지 시간이 50소겁이 지났거니와, 이때에 석가모니불께서 묵연히 앉아 계셨고, 모든 네 부류의 대중들도 또한 전부가 50소겁을 묵연하거늘, 부처님의 위신력으로 모든 대중들이 한나절과 같이 여겼더이다.

5.
그때에 사부대중도 부처님의 위신력으로 한량없는 백천만억 국토의 모든 보살들이 허공에 두루 찬 것을 볼 수 있었음이라.
이 보살대중 가운데 네 도사(導師)가 있었으니, 첫째 이름은 상행(上行)이요 둘째 이름은 무변행(無邊行)이며 셋째 이름은 정행(淨行)이요 넷째 이름은 안립행(安立行)이라.

이 네 보살은 대중 가운데 가장 우두머리로 그들을 인도하는 스승이었으니, 대중 앞에서 다 함께 합장하고 석가모니불을 우러러보며 문안드려 사뢰기를:

"세존이시여! 병은 없사오며, 걱정거리도 없이 편안히 잘 지내시는지요? 제도 받는 자들은 가르침을 쉽게 받아들이나이까? 세존을 피곤하게 하지는 않는지요?"

6.
이어서 네 보살마하살이 게송으로 사뢰기를:

頌

"세존께선 편안하사 병도 없고
　　걱정 또한 없으시며
　　중생 교화 시키느라
　　피곤하지 않나이까?

②또한 모든 중생들은
교화 쉽게 받자옵고
세존님께 피곤하게
구는 일은 없나이까?"

7.

그때에 세존께서 보살대중에게 이르시길:
"이러하고 이러하니라. 모든 선남자여!
여래가 안락하여 병도 없고 걱정거리도 없으며, 모든 중생들도 정녕 쉽게 교화·제도되어 피곤하지 않나니,

왜냐하면 이 모든 중생들은 세세생생 항상 나의 교화를 받았으며, 또한 과거의 제불들께도 공양·존중하고 온갖 착한 씨앗을 심었기에,

이 모든 중생들이 처음에 나의 몸을 보고 나의 설법을 듣자마자, 곧바로 전부가 믿고 받아들

여 여래의 지혜에 들어갔기 때문이니라.
 먼저 소승을 배워 익히고 닦은 자는 제외되었지만, 이 사람들도 내가 지금 이 경을 듣게 하여 부처 지혜에 들도록 하리로다."

8.
그때에 여러 대보살들이 게송으로 사뢰기를 :

頌 1
"거룩하고 거룩하신
 대웅이신 세존이셔!
 일체 모든 중생들을
 정녕 쉽게 교화·제도 하시오며

頌 2
 깊고깊은 제불 지혜
 능히 묻고 듣자마자
 믿고 바로 행한다니

저희들도 덩달아서 기쁘옵니다."
곧바로 세존께서 우두머리인 대보살들을 찬탄하시되,
"선남자여! 그대들이 능히 여래를 따라 기쁜 마음을 낸다 하니, 훌륭하고도 훌륭하구나."

9.

그때에 미륵보살(彌勒菩薩)과 8천 갠지스강 모래수의 보살대중들이 모두가 생각하기를,
'이와 같은 대보살마하살의 대중이 땅에서 솟아 나와 세존 앞에 머물면서 합장·공양하며, 여래께 문안을 여쭙다니 우리들이 예전에는 보거나 듣지도 못했도다.'
즈음하여 미륵보살마하살이 8천 갠지스강 모래알 수 보살들의 마음속 생각을 알고, 아울러 스스로도 의심을 풀고자 부처님을 향하

여 합장하고 게송으로 여쭈어 사뢰기를:

頌1

① "한량없는 천만억의
많은 보살 대중들을
예전에는 일찍이도
못 봤거늘 어디에서 온 것이며
그 어떠한 인연으로 모였는지
양족존님 원하건대 설하소서!
② 커다란 몸·큰 신통(神通)과
지혜 또한 부사의(不思議)라
뜻과 생각 견고하고
욕됨 참는 큰 힘 있어
중생 보기 즐겨하니
어디에서 왔나이까?

頌2

① 이 낱낱의 보살마다

데리고 온 권속들의
　　　그 숫자가 한량없어
　　　갠지스강 모래수라
㉡ 혹은 어떤 대보살은
　　　6만 항하 모래수를 거느리되
　　　이와 같은 모든 대중 일심으로
　　　불도(佛道)만을 구하옵고
㉢ 6만 항하(恒河) 모래수의
　　　이런 모든 보살(菩薩)들이
　　　함께 와서 부처님께 공양하고
　　　이 경전을 보호하고 지니오며
㉣ 5만 항하 모래수를 거느린 자
　　　그 숫자가 이보다도 더욱 많고
　　　4만이나 3만이나
　　　2만 내지 1만이나
㉤ 1천이나 1백 내지

1항하의 모래수나
절반이나 3분·4분
억만 분의 1항하의 모래수니
⑥ 1천만의 나유타와
1만억의 뭇 제자와
절반억의 그 숫자는
이보다도 더욱 많고
⑦ 백만에서 1만이나
1천에서 1백까지
5십에서 1십까지
심지어는 셋과 둘과 한 권속과
⑧ 권속없이 단신으로
홀로있기 즐긴이도
모두 함께 부처님의 처소 오되
점점 더욱 많사오니
⑨ 이와같은 모든대중

갠지스강 모래수겁
지나도록 뉘 있어서 셀지라도
되레 능히 다 알 수가 없나이다.

頌 3

㈀ 이런 모든 대위덕의
정진하는 보살대중
어떤 분이 그들위해
설법하여 교화성취 시켰으며
㈁ 누구에게 처음발심 하였으며
어느 불법(佛法) 드날렸고
무슨경전 받아 지녀 행하였고
어떤 불도 배워익혀 왔나이까?

頌 4

㈀ 이와 같은 보살(菩薩)들이
신통·지혜(智慧) 그 힘으로
사방천지 진동하고 갈라지며

그 속에서 솟아올라 나오거늘
② 세존이시여! 저희들이 일찍이도
　　　이런 일은 처음 볼새
　　　그들이 온 국토이름
　　　원하건대 설하소서!
③ 제가 항상 여러 세계
　　　다녔건만 이런 대중 처음 보며
　　　그 가운데 아는 사람 없거니와
　　　홀연히도 땅속에서 나오거늘
　　　원하건대 그 인연을 설하소서!

　　　　　頌 5

① 지금 이런 큰 모임에
　　　한량없는 백천 억의
　　　모든 보살(菩薩)
　　　대중들이 전부 다
　　　이 일 알고 싶어 하니

②솟아나온 보살대중(菩薩大衆)
자초지종 그 인연을 한량없는
덕 지니신 세존이셔! 원하건대
대중 의심 부디 풀어 주옵소서!"

10.
 즈음하여 한량없는 천만 억의 다른 세계에서 오신, 석가모니 분신의 제불께서 8방의 여러 보배나무 아래 사자좌 위에 가부좌를 맺고 앉아 계셨거늘.
 그 부처님들의 시자(侍者)가 저마다 이런 보살대중들이 삼천대천세계 사방에서 솟아 나와 허공에 머무는 것을 보고, 각자가 모시옵는 부처님께 사뢰기를:
 "세존이시여! 한량없고 끝이 없는 아승기의 이 모든 보살대중들이 어디에서 왔나이까?"

그때에 제불께서 각자의 시자에게 고하시길:
"모든 선남자여! 잠시만 기다릴지어다. 석가모니불께서 수기(授記)하셔 이다음에 성불할 보살마하살이 있으니, 이름이 미륵이라. 그가 이 일을 물었으니 이제 부처님께서 대답하시면, 그대들도 마땅히 자연스레 들을 수 있으리라."

11.
그때에 석가모니불께서 미륵보살에게 고하시길:
"훌륭하고도 훌륭하구나. 아일다(阿逸多)여! 나에게 능히 이와 같은 큰일을 묻다니, 그대들은 마땅히 일심으로 함께 정진의 갑옷을 입고 견고한 뜻을 낼지어다.
여래가 지금 제불의 지혜와 제불의 자재한

신통력과 제불의 사자분신(師子奮迅)의 힘과 제불의 위맹(威猛)한 큰 세력을 드러내어 펴서 보이고자 하노라."

12.

이어서 세존께서 거듭하여 이 뜻을 펴시고자 게송으로 이르시길 :

頌1

"내가 이 일 설하리니
　일심(一心)으로 정진하여
　의심하고 후회하지 말지어니
　부처 지혜 부사의(不思議)라
②너희 지금 믿는 힘을 바로 내어
　욕됨 참고 선행 속에 머문다면
　전에 듣지 못한 법을
　지금 전부 듣게 될 터

내가 지금 그대들을 위안 하노니
의심하고 두려움 품지 말지어다.

頌2

부처님 말 진실(眞實)하고
지혜 또한 헤아릴 수 없거니와
그 얻은 바 제일(第一)의 법
깊고깊어 분별할 수 없건마는
이러함을 지금 당장 설하리니
그대들은 일심으로 들을지라."

13.
그때에 세존께서 이 게송을 설해 마치시고 미륵보살에게 고하시길 :
"내가 지금 이 대중 가운데서 너희에게 고하노니, 아일다여! 한량없이 많고 많은 아승기의 이러한 대보살마하살이 땅에서 솟아 나오니, 그대들이 지금까지는 보지 못했을 터.

　내가 이 사바세계에서 '최상의 완전한 깨달음'을 이미 얻고, 이 모든 보살들을 교화하여 보이고 인도해서 그 마음을 조복(調伏)시켜, 도(道)에 뜻을 일으키게 하였거늘.

　이 모든 보살들이 전부가 다 이 사바세계 아래 허공에 머물면서, 여러 경전들을 독송하여 막힘없이 통달하고 사유해서 분별하여 바르게 억념(憶念)하였느니라.

　아일다여! 이 모든 선남자들이 대중 속에 있으면서 많이 설하는 것을 즐겨하지 않고, 항상 고요한 곳을 즐겨 부지런히 수행 정진하되 일찍이 쉬지 않았으며,

　또한 인간이나 하늘에 의지하여 머물지 않고, 항상 깊은 지혜를 즐겨 장애가 없었으며,

　또한 항상 제불(諸佛)의 가르침을 좋아하여

일심으로 정진하면서 위없는 지혜를 구하였
느니라."

14.
 이어서 세존께서 거듭하여 이 뜻을 펴시고
자 게송으로 이르시길 :

頌1
①"아일다는 분명하게 알지어니
 이런 모든 대보살들
 많고 많은 겁 동안에
 부처 지혜 닦고 닦아 익혔으니
 전부 내가 교화(敎化)하여
 큰 도의 맘 일으키게 하였거늘
②이들 나의 아들이라
 이 세계를 의지하여
 두타행을 항상 닦고

고요한 곳 즐기면서 북적이며
　　　시끄러운 대중 처소 다 버리고
　　　많이 설함 즐겨하지 아니했네.

　　頌 2

① 이와 같은 아들들이 나의 도법
　　배워 익혀 밤낮으로
　　끊임없이 정진하고
　　불도만을 구하여서
　　사바세계 아래쪽의
　　허공중에 머무나니
② 뜻과 생각 견고하고
　　항상 지혜 부지런히
　　구하면서 가지가지
　　미묘한 법 설하여도
　　그 마음엔 두렴 없네.

　　頌 3

① 가야성의 보리수하
그곳에서 내가앉아
최정각(最正覺)을 성취하고
무상법륜(無上法輪) 굴리어서
② 이들 모두 교화(敎化)하여
처음도심 일으키게 하였으니
이제 그들 불퇴지에 머물다가
전부가 다 틀림없이 성불하리.

頌 4

내가지금 진실하게 말하노니
아득히 먼 세월(歲月) 동안
내가이런 대중교화 시켰나니
그대들은 일심으로 믿을지라."

15.
그때에 미륵보살마하살과 많고 많은 보살들

이 마음속에 일찍이 없던 괴이한 일인지라 의혹을 내어,

'세존께서 어떻게 이토록 짧은 시간에 이와 같이 한량없고 끝이 없는 아승기(阿僧祇)의 모든 대보살들을 교화시켜 최상의 완전한 깨달음에 머물도록 하셨을꼬?'라 생각하고는 곧바로 부처님께 사뢰기를 :

"세존이시여! 여래께서 태자이실 적에, 석가족(釋迦族)의 왕궁을 나오셔 가야성에서 머지않은 도량에 앉으시고 '최상의 완전한 깨달음'을 얻었사오니, 그로 좇아 지금까지 겨우 40여 년이 지났거늘.

세존이시여! 어떻게 이토록 짧은 시간에 큰 불사(佛事)를 지으셔, 부처님의 세력과 부처님의 공덕으로 이와 같은 한량없는 대보살대중들을 교화시켜 '최상의 완전한 깨달음'에 향

하도록 하셨나이까?

 세존이시여! 이 보살대중들을 가령 어떤 사람이 천만억겁 동안 셀지라도 다할 수 없어 그 끝을 알 수 없을 거며, 이들은 아득히 먼 세월 동안 한량없고 끝이 없는 제불의 처소에서, 온갖 착한 씨앗을 심어 보살도를 성취하고 항상 청정범행을 닦았을 것이오니,

 세존이시여! 이러한 일을 세상은 믿기 어려울 것이옵니다.

16.

 비유컨대 얼굴빛은 곱고 머리카락이 검은 스물다섯의 어떤 젊은이가 백 살 먹은 사람을 가리키며 '이는 나의 아들이라.' 말하고,

 백 살 먹은 그 사람도 또한 젊은이를 가리키며 '이분은 나의 아버지로 우리를 낳아 길렀다.'

고 말한다면, 이런 일은 믿기 어렵나이다.

　여래께서도 또한 이와 같아 도를 얻으신 지 실로 오래되지 않으셨고, 이 모든 보살대중은 이미 한량없는 천만억겁에 불도를 위해 부지런히 수행 정진하여, 한량없는 백천만억의 삼매에 잘 드나들고 머물면서 크나큰 신통을 얻었으며,

　오래도록 청정범행을 닦아서 능히 차례대로 온갖 좋은 법을 잘도 익혔기에, 문답에도 능숙하여 사람 가운데 보배로서 일체 세간에 매우 희유하거늘.

　오늘 세존께서 바야흐로 이르시길 '불도를 얻고 나서 그들을 처음으로 발심(發心)토록 하였으며, 교화하여 보이고 인도해서 최상의 완전한 깨달음에 향하도록 하였다.'고 하시오니, 세존께서 성불하신 지 오래지 않사온데 능히

이렇게 큰 공덕의 일을 지으셨나이까?
　부처님께서 수준에 따라 설하시고 부처님의 말씀은 일찍이 허망하지 않으시고, 알아야 할 것은 다 통달하셨다는 걸 저희들은 비록 믿사오나, 부처님께서 멸도하신 뒤에 새로 발심한 보살들이 만약 이런 말씀을 듣자오면,
　혹시라도 믿지 않고 받아들이지 않아 법을 파(破)하는 죄업의 인연을 일으킬까 두렵나니, 그렇고 그렇사옵니다. 세존이시여!
　원하옵건대 자세히 설명하셔 저희들의 의심을 없애주시옵고, 미래세의 모든 선남자들이 이 일을 듣더라도 또한 의심이 나지 않도록 하옵소서!"

17.
　이어서 미륵보살이 거듭하여 이 뜻을 펴고

자 게송으로 사뢰기를 :

頌1

① "여래께서 예전 석가 종족으로
출가하셔 가야성의 가까운 곳
보리수하(菩提樹下) 앉으신 지
얼마되지 않사온데
② 솟아나온 불자들은
그 숫자가 헤아릴 수 없거니와
오랜 세월 불도닦아
신통력에 머무르고
③ 보살도를 잘 배워서
물위에 핀 연꽃같이
세간법에 물듦없이
땅속에서 솟아나와
④ 공경심을 일으키고
세존앞에 머무르니

이런일은 불가사의
　　정녕 어찌 믿으리까?
⑥ 부처님의 득도하심 최근인데
　　성취하신 일은 매우 많사오니
　　원하건대 사실대로 분별하셔
　　대중의심 부디 풀어 주옵소서!

　　頌 2

① 비유컨대 젊은청년
　　그 나이가 스물다섯
　　주름 많고 흰머리의
　　백세노인 가리키며
② 아들이라 부르고는
　　그 아들도 아버지라 부른다면
　　젊은아비 늙은아들
　　세상믿지 않으리다.

　　頌 3

① 세존 또한 이러하셔
득도한지 최근이며
이런 모든 보살들은
뜻이 굳고 겁약하지 아니하고
② 한량(限量)없는 겁 동안에
보살도(菩薩道)를 행하여서
까다로운 문답에도 능숙하며
그 마음은 두렴없고
③ 인욕의 맘 확고하며
단정하고 위덕 있어
시방세계 부처님께 찬탄 받고
능히 잘도 분별하여 설하오며
④ 많은 사람 함께하길 싫어하고
항상 선정(禪定) 즐기면서
불도만을 구하여서 아래 허공
그 가운데 머문다고 하셨거늘

頌 4

① 저희들은 부처님께 듣자옵고
이런 일에 의심하지 않사오나
원하건대 세존께선 미래 위해
연설하사 부디 알게 하옵소서!

② 만약 이 경 의심(疑心) 내고
안 믿는 자 응당 악도(惡道)
떨어질 터 원하건대 바로 지금
해설(解說)하여 주옵소서!

③ 한량없는 이 보살(菩薩)들
어찌 짧은 시간 동안 교화하고
발심시켜 불퇴지(不退地)에
머물도록 하셨는지 설하소서"

묘법연화경 종지용출품 제15 마침

묘법연화경(妙法蓮華經)
여래수량품(如來壽量品) 제16

1.

그때에 부처님께서 모든 보살과 일체 대중에게 고하시길:

"모든 선남자여! 그대들은 여래의 진실한 말을 마땅히 믿고 이해할지어다."

다시 대중에게 고하시길:

"그대들은 여래의 진실한 말을 마땅히 믿고 이해할지어다."

또다시 모든 대중에게 고하시길:

"그대들은 여래의 진실한 말을 마땅히 믿고 이해할지어다."

2.

이때에 미륵이 보살대중의 우두머리가 되어 합장하고 부처님께 사뢰기를:

"세존이시여! 원하옵건대, 부디 설하소서! 저희들은 부처님의 말씀을 당연히 믿고 받아들이겠나이다."

다시 사뢰기를:

"원하옵건대, 부디 설하소서! 저희들은 부처님의 말씀을 당연히 믿고 받아들이겠나이다." 이와 같이 세 번을 사뢰었나니.

3.

그때에 세존께서 보살들이 세 번이나 간청하여 그치지 않음을 아시고 고하시길:

"그대들은 여래의 비밀한 신통력을 자세히 들을지어다. 일체 세간의 하늘과 인간·아수라가 '지금의 석가모니불께서는 석가족의 왕궁에서 나오셔, 가야성과 머지않은 도량에 앉아 아뇩다라삼먁삼보리를 얻으셨다.'고 다들 말하지만, 선남자여!

 진실로 내가 성불한 지는 한량없고 끝이 없는 백천만억 나유타 겁이니라.

 비유컨대 5백천만억 나유타 아승기의 삼천대천세계를 가령 어떤 사람이 가는 티끌로 가루 내어, 동쪽으로 5백천만억 나유타 아승기 세계를 지나서 한 티끌을 떨어뜨리되, 이와 같이 동쪽으로 가면서 이 가는 티끌이 다한다면 모든 선남자여! 그대들의 생각은 어떠한고?

 이 모든 세계를 정녕 생각으로 헤아려서 그 수를 알 수 있겠느뇨?"

 미륵보살 등이 다 함께 부처님께 사뢰기를:

 "세존이시여! 그리도 많은 세계는 한량없고

끝없어서 산수로는 도저히 알 수가 없으며, 또한 온 마음을 기울여도 미칠 수 없고,

　모든 성문과 벽지불이 번뇌가 다한 지혜로 사유하더라도 그 끝의 수를 능히 알 수 없을 거며, 저희들이 불퇴전의 지위에 머물지라도 이 일만큼은 또한 통달할 수 없으리니.

　세존이시여! 이와 같은 모든 세계는 참으로 한량없고 끝이 없겠나이다."

　4.

　그때에 부처님께서 대보살대중에게 고하시길 :

　"모든 선남자여! 그대들에게 지금 분명하게 선언하노라.

　만약에 가는 티끌을 떨궜거나 그렇지 아니한 이 모든 세계를 티끌로 만들어서 그 한 티

끝을 1겁으로 치더라도, 내가 성불한 지는 다시 이보다 백천만억 나유타 아승기겁을 더 지나느니라.

이로 좇아 지금까지 내가 항상 이 사바세계에 있으면서 설법하여 교화시켰고, 또한 다른 백천만억 나유타 아승기 세계에서도 중생들을 인도하여 이익토록 하였도다.

5.

모든 선남자여! 이 중간에 내가 연등불 등을 설하였고, 또다시 그들이 열반에 들었다고 말하였거늘, 이것은 전부가 방편으로 분별했던 것이니라.

모든 선남자여! 만약에 어떤 중생이 나의 처소에 찾아오면, 나는 깨달음의 눈(佛眼)으로 그의 신근(信根) 등 5근(五根)의 예리하고 둔함

을 살펴보고, 응당 제도할 처지에 따라 곳곳에서 스스로 설하되,

 명호도 달랐으며 수명도 많고 적었으며, 또다시 마땅히 열반에 들겠다고 드러내어 말했으며, 또한 가지가지 방편으로 미묘한 법을 설하여 중생들이 능히 환희심이 나도록 하였도다.

 모든 선남자여! 여래는 중생들이 소승의 가르침을 좋아하며 덕은 얇고 번뇌에 찌듦을 보고, 이 사람을 위하여서 내가 젊을 적에 출가하여 '최상의 완전한 깨달음'을 얻었다고 설했으나,

 진실로 내가 성불한 지는 이토록 아득히 멀고도 멀지만, 오직 방편으로 중생들을 교화하여 불도에 들게 하고자 이와 같이 설하였느니라.

6.

　모든 선남자여! 여래가 설한 경전은 전부가 중생을 제도하여 해탈시키기 위해서니, 혹은 자신의 몸을 설하고 혹은 타인의 몸을 설했으며, 때로는 자기의 몸을 보이고 때로는 타인의 몸을 보였으며,

　혹은 자기의 일을 보이고 혹은 타인의 일을 보였으나 온갖 언설이 다 참되어 허망하지 않나니, 어인 까닭인고?

　여래는 삼계(三界)의 모습을 있는 그대로 알고 보나니(如實知見), 나고 죽는 것도 없고, 물러나고 나옴도 없으며, 또한 세상에 있지도 멸도함도 없으며, 진실하지도 허망하지도 않으며, 같지도 다르지도 않나니, 삼계를 보되 중생들이 보는 삼계와는 같지 않기 때문이니라.

이와 같은 일을 여래는 환히 보아서 착오가 없거니와 중생들이 가지가지 성품과 가지가지 욕망과 가지가지 행동과 가지가지 기억과 분별이 있기 때문에, 온갖 착한 씨앗이 나도록 어느 정도의 인연과 비유와 언사로써 가지가지로 설법하여 불사(佛事)를 짓되 잠시도 그만두지 않았도다.

 이와 같이 내가 성불한 지가 심히 멀고도 멀어 수명이 한량없는 아승기겁 동안 항상 머물러 사라지지 않느니라.

7.

 모든 선남자여! 내가 본래 보살도를 실천하여 성취한 수명은 지금도 아직 다하지 않았으며, 다시 위에서 말한 수보다 두 배가 되건마는,

실제로는 멸도가 아니면서도 방편으로 '이제 마땅히 멸도를 취한다.'고 말하나니, 여래가 이러한 방편으로 중생들을 교화하는 것은 어인 까닭인고?

　만약에 내가 세상에 오래도록 머문다면, 박덕한 사람은 착한 씨앗을 심지 않아 빈궁하고 하천할 것이며, 다섯 가지 욕망에 탐착하여 기억과 생각이 망령된 견해의 그물 속에 빠질 것이며,

　만약에 여래가 사라지지 않고 항상 있는 걸 본다면, 교만하고 방자한 마음을 일으키며, 싫증 내고 게으른 생각을 품고서, 능히 만나기 어렵다는 생각과 공경심을 내지 않을 것이기 때문이니라.

　이러한 까닭에 여래가 방편으로 설하기를 '비구여! 분명히 알지어다. 제불이 세상에

출현하는 것은 정녕 만나기 어렵다.'고 하나니, 어인 까닭인고?

박덕한 사람들은 한량없는 백천만억겁이 지나서야 어쩌다 여래를 볼 수 있거나 혹은 그마저도 볼 수 없기 때문이니라.

이러한 이유로 내가 말하기를 '모든 비구여! 여래는 정녕 친견하기 어렵다.'고 하나니.

중생들이 이와 같은 말을 들으면 반드시 만나기 어렵다는 생각을 내어, 부처님을 목마른 듯 그리운 생각을 품고 문득 착한 씨앗을 심으리니, 이러한 이유로 여래가 비록 실제로는 멸도하지 않으면서도 멸도한다고 말하느니라.

또한 선남자여! 제불여래의 법이 다 이와 같아 중생을 제도하기 위함이니, 모두가 진실하여 허망하지 않느니라.

8.

　비유컨대 지혜가 총명하고 의약에 통달하여 처방과 약을 밝게 다루어, 온갖 병을 잘 치료하는 훌륭한 의사가 있었나니.

　그 사람이 자식이 많아 열·스물에서 내지 그백 명에 달하거늘, 의사가 어떤 사연으로 멀리 다른 나라에 갔거니와, 나중에 여러 아들이 착오로 독약을 마시고 독기가 발작하여 땅에 뒹굴게 되었느니라.

　때마침 아버지가 집으로 돌아오니 독을 마셔 혹은 본심을 잃고, 혹은 잃지 않은 여러 아들들이 멀리서 그의 아버지를 보고, 전부가 크게 기뻐하며 절하면서 무릎을 꿇고 문안을 드리되,

　'편안하게 잘 다녀오셨나이까? 저희들이 어리석어 착오로 독약을 마셨으니, 원하옵건

대 살피시고 치료하여 다시 목숨을 건져 주옵소서!'

아버지가 이와 같은 고통에 시달리는 자식들을 보고, 온갖 처방전에 의지하여 색과 향과 감미로운 맛까지 고루 갖춘 좋은 약초를 구하여, 방아 찧고 체로 쳐서 골고루 섞어 자식들에게 복용하도록 주면서 이르기를,

'이 좋은 약은 색과 향과 감미로운 맛까지 고루 갖췄으니, 너희들이 복용하면 고통이 속히 사라지고 다시는 온갖 병이 없으리라.' 하였나니.

그의 아들 중에 본심을 잃지 않은 자는 색과 향을 고루 갖춘 좋은 약을 보고 곧바로 복용하여 병이 나았으나, 다른 본심을 잃은 자는 아버지가 오신 것을 보고, 비록 기뻐하면서 문안을 여쭙고 치료는 원했지만 약을 주는데

도 먹지 않았으니, 어인 까닭인고?

　독기가 깊이 들어가서 본심을 잃고, 이처럼 색과 향이 좋은 약을 곱지 않게 여겼기 때문이니라.

　그리하여 아버지가 생각하기를 '이 아들들이 참으로 가련하다. 중독으로 마음이 온통 뒤집혀서, 비록 나를 보고 기뻐하며 치료는 원하면서도 이처럼 좋은 약을 먹지 않으니, 내가 이제 방편을 베풀어서 이 약을 먹도록 하리라.' 하고 곧바로 이르기를,

　'너희들은 분명히 알지어다. 내가 이제는 노쇠하여 죽을 때가 되었으니, 이 좋은 약을 지금 이곳에 두니 너희들은 복용하되 낫지 않는다는 걱정은 하지 말지어다.'

　이렇게 타이르고 다시 다른 나라로 가서 심부름꾼을 보내, 너희 아버지가 이미 죽었다고

전했느니라.

 이때에 여러 아들들이 아버지가 돌아가셨단 소식을 듣고서 크게 근심하고 괴로워하면서 마음 속으로 생각하기를, '만약에 아버지께서 계신다면 우리들을 자애로 연민하사 능히 치료해 주시련만, 지금은 우리를 떠나 멀리 타국에서 상(喪)을 당하셨으니, 스스로를 생각해도 외로워서 다시는 믿고 의지할 데가 없구나.' 하고,

 항상 슬픔을 품고 있다가 드디어 정신이 깨어나서 이 약의 색과 맛과 향이 좋다는 걸 알고 곧바로 복용하니, 중독된 병이 다 나았느니라.

 그들의 아버지가 아들들이 이미 다 나았다는 소식을 듣고 이윽고 돌아와서 모두가 그를 보게 하였나니.

모든 선남자여! 그대들의 생각은 어떠한고? 뉘 있어 이 훌륭한 의사의 거짓말이 능히 죄가 된다고 말하겠느뇨?"

"아니옵니다. 세존이시여!"

부처님께서 이르시길:

"나도 또한 이와 같아서 성불한 지가 한량없고 끝이 없는 백천만억 나유타 아승기겁이거늘, 중생을 위하여 방편의 힘으로 분명히 멸도를 말하지만, 역시나 여법(如法)하게 말한 나에게 거짓말의 허물이 있다할 수는 없느니라."

9.

이어서 세존께서 거듭하여 이 뜻을 펴시고자 게송으로 이르시길:

[頌]

"내 성불한 그 후부터
지난 모든 겁의 수는
한량없는 백천만억
나유타의 아승기라.

頌2

항상(恒常) 법을 설(說)하여서
무수억의 중생들을 교화하여
불도 안에 들어오게 하였으니
이리 한 지 한량없는 겁이로다.

頌3

① 중생제도 위하여서
방편으로 보인 열반
실제로는 멸도 않고
항상 여기 머물면서 설법하며
② 나 언제나 이 자리에 머물건만
온갖 신통(神通) 그 힘으로

전도(顚倒) 중생 그들에겐
가까워도 못 보도록 하는지라
③ 중생(衆生) 나의 멸도(滅度) 보고
사리 앞에 두루 널리 공양하며
모두 함께 연모하는 마음 품고
목마른 듯 그리운 맘 낼 터이니
④ 중생 이미 믿음으로 조복되고
숨김없이 정직한 뜻 부드러워
일심으로 부처 뵙길 원하면서
자신들의 몸과 목숨 안 아끼면
⑤ 이때 나와 승가대중 영취산에
함께 모두 출현하여
내가 그때 중생에게
'나 언제나 여기 있어
멸도하지 않았건만 방편으로
멸과 불멸 나타냈다.' 말한다네.

⑥ 다른세계 중생들이 공경하고
　　나를믿고 좋아하면
　　내가다시 그곳에서
　　위없는법 설하건만
　　그대들은 이를 듣지 못하기에
　　오직내가 멸도했다 이르노라.

　　　　頌 4
① 내가보니 일체중생(一切衆生)
　　고통(苦痛) 속에 허덕이니
　　짐짓 몸을 드러내지 아니하고
　　목마른 듯 그리운맘 나게 하여
　　그 마음이 연모할 적
　　출현하여 설법하니
② 신통력이 이러하여
　　아승기의 겁 동안을
　　영취산은 물론 다른 여러 곳에

항상 거기 머문다네.

頌 5

① 중생 눈엔 겁이 다해
큰 불나서 탈적에도
나의 이곳 안온하여
천신들과 인간 항상 가득 차고
② 숲 동산과 여러 누각 가지가지
보배들로 장엄하고 보배나무
많고 많은 꽃과 열매
중생 즐겨 노닐거며
③ 모든 천신 하늘 북을 두드리고
온갖 풍악 끊임없이 울리면서
만다라(曼陀羅)꽃 비 내리듯
부처님과 대중에게 흩뿌리네.

頌 6

① 나의 정토 훼손되지 않건마는

중생 눈엔 다 타버려 근심·공포
　　　온갖 고통 이와 같이
　　　가득한 걸 다 보리니
　② 죄가 많은 이런 중생
　　　악업 지은 인연으로
　　　아승기겁 지나도록
　　　삼보라는 이름조차 못 듣지만
　③ 온갖 공덕 닦고 닦아 부드럽고
　　　숨김없이 정직한 자 나의 몸이
　　　여기에서 법 설함을
　　　바로 즉시 다 보리니
　④ 이런 중생 위하여서 어느 때는
　　　여래 수명 한량없다 말을 하고
　　　오랜만에 나를 본 자 그에게는
　　　여래 뵙기 어렵다고 설한다네.

① 내게 있는 지혜의 힘 이와 같아
　 지혜광명 한량없이 비추오며
　 무수겁(無數劫)의 그 수명은
　 오래 닦은 수행으로 얻었거늘
② 지혜(智慧)로운 그대들은
　 이에 의심 내지 말고 의심 끊어
　 길이길이 없앨지니 부처님 말
　 진실하여 허망하지 않느니라.

　　　　頌 8

① 어떤 의사 좋은 방편 사용하여
　 미친 아들 고치려고 살았으되
　 죽었다고 말했지만
　 허망하다 할 수 없듯
② 나 역시도 이 세상의 아버지로
　 고통받는 모든 환자 구하나니
　 전도범부 위하여서 실제로는

있으면서 멸도한다 말하나니
③ 항상(恒常) 나를 보게 되면
　　교만하고 방자한 맘 내게 되고
　　방일하며 오욕 속에 집착하여
　　악도 중(惡道中)에 떨어질 터
④ 중생들이 도 닦는지 아닌지를
　　나는 항상(恒常) 살펴 알고
　　제도할 바 중생(衆生) 따라
　　가지가지 법(法) 설(說)하며
⑤ '어찌하면 중생(衆生)들이
　　무상지혜(無上智慧) 들어가서
　　여래의 몸 속히 성취 시킬건가?'
　　나는 매양 이런 생각 뿐이라네."

　　　　　　　　묘법연화경 여래수량품 제16 마침

묘법연화경(妙法蓮華經)
분별공덕품(分別功德品) 제17

1.

그때에 큰 모임에서 부처님 수명의 겁수(劫數)가 이와 같이 길고도 멀다는 설법을 듣고서, 한량없고 끝이 없는 아승기의 중생들이 크나큰 요익을 얻었나니.

즈음하여 세존께서 미륵보살마하살에게 고하시길 :

"아일다여! 내가 여래의 수명이 끝없이 길고도 멀다고 설할 적에, 6백80만 억 나유타 갠지스강 모래수의 중생들이 무생법인(無生法忍)을 얻었으며,

또한 그보다 1천 배가 많은 보살마하살이 문지다라니문(聞持陁羅尼門)을 얻었으며,

또다시 한 세계의 가는 티끌 수 보살마하살이 요설무애변재(樂說無礙辯才)를 얻었으며,

또한 한 세계의 가는 티끌 수 보살마하살이 백천만억의 한량없는 선다라니(旋陀羅尼)를 얻었으며,

또다시 삼천대천세계(三千大千世界)의 가는 티끌 수 보살마하살이 물러나지 않는 법륜을 능히 굴렸으며,

또한 2천의 중천세계(中千世界)의 가는 티끌 수 보살마하살이 청정한 법륜을 능히 굴렸으며,

또다시 소천세계(小千世界)의 가는 티끌 수 보살마하살이 여덟 생 만에 '최상의 완전한 깨달음'을 얻었으며,

또한 네 사천하(四天下)의 가는 티끌 수 보살마하살이 네 생 만에 '최상의 완전한 깨달음'

을 얻었으며,

또다시 세 사천하의 가는 티끌 수 보살마하살이 삼 생 만에 '최상의 완전한 깨달음'을 얻었으며,

또한 두 사천하의 가는 티끌 수 보살마하살이 두 생 만에 '최상의 완전한 깨달음'을 얻었으며,

또다시 한 사천하의 가는 티끌 수 보살마하살이 한 생 만에 '최상의 완전한 깨달음'을 얻었으며,

또한 여덟 세계의 가는 티끌 수 중생들이 모두가 '최상의 완전한 깨달음'의 마음을 일으켰느니라."

2.

부처님께서 이 모든 보살마하살이 위대한

불법의 이익 얻음을 설하실 적에, 허공에서 만다라꽃과 마하만다라꽃을 한량없는 백천만억 보배나무 아래 사자좌 위의 제불께 비 오듯이 흩뿌렸고,

아울러 칠보탑 속 사자좌 위의 석가모니불과 오래전에 멸도하신 다보여래께도 흩뿌렸으며,

역시나 일체 모든 대보살들과 네 부류의 대중에게도 흩뿌렸고, 또한 고운 가루로 된 전단향과 침수향 등이 비 내리듯 하였으며,

공중에선 하늘 북이 저절로 울려 묘한 소리가 깊고도 멀리까지 들렸으며, 또다시 1천 가지의 하늘 옷이 비 오듯이 내렸으며, 온갖 영락인 진주영락·마니주영락·여의주영락을 아홉 방위에 두루 드리웠으며, 여러 보배 향로에선 값도 모를 향이 피어올라 자연스레 주위

에 퍼져 큰 법회에 공양하고,

한 분 한 분의 부처님 위에 여러 보살들이 있어 깃발과 일산을 들고, 차례차례 올라가 범천(梵天)까지 이르렀으며, 이 모든 보살들이 미묘한 음성으로 한량없는 게송을 읊조리며 제불을 찬탄하더이다.

3.

그때에 미륵보살이 자리에서 일어나 오른쪽 어깨를 내보이며, 부처님을 향하여 합장하고 게송으로 사뢰기를:

頌1

"세존(世尊)의 힘 위대(偉大)하고
　수명 또한 한량없다 말씀하신
　부처님의 희유(希有)한 법
　예전에는 미처 듣지 못했으며

② 많고 많은 불자(佛子)들이
법의 이익(利益) 얻었다고
세존께서 분별하심 듣자옵고
온몸가득 기쁨으로 찼나이다.

頌 2
① 어떤이는 불퇴지에 머무르고
혹은 문지(聞持) 다라니와
혹은 무애(無礙) 요설변재
일만억의 선다라니 얻었으며
② 대천세계(大千世界)
가는티끌 수의 보살
저마다가 불퇴전의
법륜능히 굴렸으며
③ 또한 다시 중천세계
가는티끌 수의 보살
저마다가 청정법륜

능히 모두 굴렸으며

　　　　頌 3

① 또한 다시 소천세계
　　 가는 티끌 수의 보살
　　 남은 여덟 생을 걸쳐
　　 응당 불도 이뤘으며
② 또한 다시 넷과 셋·둘
　　 이와 같은 사천하의
　　 가는 티끌 수의 보살
　　 그 수 따라 생을 걸쳐 성불했고
③ 혹은 하나 사천하의
　　 가는 티끌 수의 보살
　　 한　생(生)　걸쳐
　　 일체지를 이뤘으며
④ 이와 같은 중생들이
　　 여래 수명 장원함을

들자옵고 한량없는
　　　번뇌다한 청정과보 얻었으며

　　頌 4

　　또한 다시 여덟 세계(世界)
　　가는 티끌 수의 중생(衆生)
　　부처님의 수명 설함 듣자옵고
　　모두가 다 위없는 맘 내었다네.

　　頌 5

① 세존께서 설하신 법
　　한량없어 부사의라
　　마치 허공 끝없듯이
　　요익됨이 많사오며
② 하늘에선 크고작은
　　만다라꽃 비 내리듯 흩뿌리며
　　갠지스강 모래수의 제석·범천
　　많고 많은 불토에서 찾아오고

③ 전단향과 침수향이 어지러이
　떨어져서 흩뿌리되
　허공에서 새가 날 듯
　제불들께 공양하고
④ 하늘 북은 공중에서
　묘한 소리 절로 내며
　천만 가지 하늘 옷은
　빙빙 돌며 내려오고
⑤ 온갖 묘한 보배 향로
　값도 모를 향을 피워
　자연스레 두루 퍼져
　세존들께 공양하며
⑥ 대보살의 대중들은
　칠보로 된 높고 묘한
　억만 가지 깃발들과 일산 들고
　차례차례 범천까지 다다르고

⑦ 한 분 한 분 제불(諸佛) 앞에
　　　보배깃대 좋은깃발 달고서는
　　　또한 천만 게송(偈頌)으로
　　　여래들께 노래불러 찬탄하니

　　　　　　頌6
　　① 이와 같은 갖가지 일 예전에는
　　　미처 보지 못했으며 여래 수명
　　　한량없다 듣자옵고
　　　모두가 다 기뻐하고
　　② 부처님의 명성 시방 곳곳 퍼져
　　　널리 중생 요익되게 하시옵고
　　　모든 선근(善根) 갖추어서
　　　위없는 맘(無上心) 돕나이다."

4.
그때에 부처님께서 미륵보살마하살에게 고

하시길 :

"아일다여! 그 어떤 중생이 부처님의 수명이 이와 같이 끝없이 길고도 멀다는 걸 듣고, 능히 한 생각을 내어 믿고 이해한다면 얻을 공덕이 한량이 없으리라.

만약에 어떤 선남자 선여인이 '최상의 완전한 깨달음'을 위하여 80만 억 나유타 겁 동안에 반야바라밀을 제외하고, 단(檀)바라밀·시라(尸羅)바라밀·찬제(羼提)바라밀·비리야(毘梨耶)바라밀·선(禪)바라밀의 다섯 바라밀을 행할지라도,

이러한 공덕은 앞의 공덕과 비교하면 백분(百分)·천분(千分)과 백천만억분의 일에도 미치지 못하며 숫자나 비유로는 도저히 알 수가 없으니,

만약에 선남자 선여인이 이와 같은 공덕을

지니고도 '최상의 완전한 깨달음'에서 물러
난다면, 그런 일은 있을 수가 없느니라."

5.

이어서 세존께서 거듭하여 이 뜻을 펴시고
자 게송으로 이르시길 :

  頌1
"뉘 있어서 부처 지혜(佛智慧)
 구하려고 팔십만 억(八十萬億)
 나유타 겁(那由他劫) 동안이나
 다섯 가지 바라밀을 실천하며

  頌2
① 이리 많은 겁 동안에
 부처님과 연각 제자
 여러 보살 대중들을
 보시하고 공양하되

② 특별하고 귀한 음식
　좋은 의복·침구들과
　전단으로 절을 짓고
　숲 동산을 장엄하는
③ 이와 같은 가지가지
　미묘함을 보시하고
　여러 겁이 다하도록
　불도 위해 회향하고

　　　頌 3

　혹은 계율 지니고서
　청정하여 흠결 없이
　무상도를 구하여서
　제불에게 찬탄 받고

　　　頌 4

① 혹은 인욕(忍辱) 행(行)하여서
　조화롭고 부드러운 경지 얻어

설령 와서 온갖 악을 가하여도
　　　그 마음이 기울거나 동(動)치 않고
② 모든 법을 얻었다는
　　　증상만을 품은 자가
　　　업신여겨 괴롭혀도
　　　이 모두를 능히 참고

頌 5

　　　또한 다시 부지런히
　　　정진하여 뜻과 생각
　　　항상 굳세 한량없는 겁 동안을
　　　일심으로 나태커나 쉬지 않고

頌 6

① 또한 많은 겁 동안을 한적한 곳
　　　머물면서 때론 앉고
　　　거닐 적에 졸지 않고
　　　항상 마음 거두거늘

② 이와같은 인연으로
　온갖선정 능히생겨
　팔십억만겁 동안을
　그맘편해 산란하지 아니하고
③ 이 일심(一心)의 복을 지녀
　위없는 도(無上道) 구하면서
　'일체지(一切智)를 내가 얻어
　온갖선정 다하리라.' 서원하는
④ 이와같은 사람들이
　백천만억 겁수동안
　이런모든 공덕 닦아
　앞에 설함 같이해도

　　頌 7

① 어떤 선남·선녀들이
　내가설한 수명 듣고
　찰나라도 믿는다면

그 복 훨씬 많을 거며
② 뉘 있어서 일체 모든
　　　의혹없이 맘속 깊이
　　　잠시 잠깐 믿더라도
　　　그 복이와 같으리라.

頌 8
① 한량없는 겁 동안에
　　　도를 닦은 보살만이
　　　내가 설한 수명 듣고
　　　바로 즉시 능히 믿고 수용할 터
② 이와 같은 사람들은 법화경을
　　　정수리에 받들고서
　　　'나도 미래 장수하여
　　　일체중생 제도하되
③ 석가족의 법왕이신
　　　오늘날의 세존께서

도량에서 사자후로
　　　두렴없이 설법하듯
　4. 우리들도 미래세상
　　　모두에게 존경받고
　　　도량앉아 수명 설함
　　　이와같길 원하노라.' 할지어다.

　　　　　頌9
　　　뉘 있어서 깊은마음 청정하고
　　　숨김없이 정직하며 많이 듣되
　　　능히 모두 잊지 않고 뜻을 따라
　　　부처님 말 이해하면
　　　이와같은 사람들은
　　　결코 의심 없으리라.

6.
　또한 아일다여! 만약에 부처님의 수명(壽命)이

끝없이 길고도 멀다는 걸 듣고 그 말뜻을 이해하면, 이 사람이 얻을 공덕은 한량이 없어서 능히 여래의 위없는 지혜를 일으키리니,

어찌 하물며 널리 이 경을 듣고 남에게도 들려주며, 혹은 스스로 지니고 남에게도 지니도록 하며, 때로는 스스로 베껴 쓰고 남에게도 베껴 쓰도록 하며, 혹은 꽃과 향과 영락·깃대와 깃발·비단일산과 향유(香油)·소등(酥燈)으로 경전에 공양함이겠느뇨?

이 사람의 공덕은 한량없고 끝없어서 능히 일체종지(一切種智)가 생기리라.

7.

아일다여! 만약에 선남자 선여인이 수명(壽命)이 끝없이 길고도 멀다는 나의 설명을 듣고 마음속 깊이 믿고 이해한다면, 내가 항상

기사굴산에 있으면서 대보살들과 여러 성문 대중에게 에워싸여 설법하는 것을 곧바로 볼 수 있으리라.

 또한 사바세계가 그 땅이 유리보배로 평탄(平坦)하고 반듯하며, 염부단금으로 여덟 갈래의 길을 경계 긋고 보배나무가 늘어섰으며, 여러 누각이 전부가 보배로 이뤄졌거늘, 그 보살대중이 다 함께 이 안에 거처하는 것도 보게 되리니.

 만약에 능히 이와 같이 보는 자는 분명히 알지어다. 이는 바로 깊이 믿고 이해한 덕분이니라.

 또다시 여래(如來)가 멸도한 뒤, 만약에 이 경을 듣고 헐뜯거나 비방하지 않으면서 함께 따라 기뻐하는 마음을 일으킨다면, 분명히 알지어다.

이 또한 이미 깊이 믿고 이해한 덕분이니, 어찌 하물며 독송하고 마음에 새겨 지니는 자이겠느뇨? 이 사람은 바로 정수리에 여래를 받드는 것이니라.

8.
아일다여! 이 선남자 선여인은 따로 나를 위하여 탑과 절을 세우거나, 승방(僧坊)을 짓거나, 음식·의복·침구·탕약 등의 네 가지를 승가에 공양하지 않아도 될 만하니, 어인 까닭인고?
이 선남자 선여인이 이 경을 받아 지니면서 독송하는 것은 이미 탑을 세우고 승방을 짓고 승가에 공양하는 셈이며,
바로 불사리로 칠보탑을 세우되 높이와 넓이가 점점 작아져 범천에 이르도록 하고, 온

갖 깃발과 일산과 갖가지 보배 방울을 달고, 꽃과 향과 영락과 말향·도향·소향과 온갖 북과 풍악과 퉁소·피리·공후와 가지가지 춤과 미묘한 음성으로 한량없는 천만억겁 동안 노래 불러 찬탄하는, 이러한 공양을 짓는 것과 같기 때문이니라.

9.

아일다여! 만약에 내가 멸도한 뒤에 이 경전을 듣고 능히 받아 지니면서, 혹은 스스로 베껴 쓰고 남에게도 베껴 쓰도록 한다면,

이는 곧바로 승방을 일으켜 세우되, 붉은 전단향나무로 서른두 칸의 여러 전당을 지으니 높이가 8다라수(多羅樹)라. 높고도 넓어서 아름답게 장엄하였으며 백천의 비구들이 그 안에 머무르고,

숲 동산과 목욕할 연못과 산책로와 좌선할 석굴과 의복·음식·침구·탕약 등 일체의 좋은 도구가 그 속에 가득 찼으며,

　이러한 승방과 전각들이 수백천만억으로 그 수가 한량이 없거늘, 이것을 지금 당장 나와 비구들에게 공양함과 같으니라.

　그렇기에 내가 설하기를 '여래가 멸도한 뒤, 만약에 받아 지니면서 독송하고 남을 위하여 설해주며, 혹은 스스로 베껴 쓰고 남에게도 베껴 쓰도록 하여 경전에 공양한다면, 탑과 절을 세우거나 승방(僧坊)을 지어서 승가에 공양하지 않아도 될 만하다.'고 하느니라.

　하물며 또 다른 어떤 사람이 이 경을 능히 지니면서 겸하여 보시·지계·인욕·정진과 일심으로 지혜를 수행함이겠느뇨?

　그 덕은 가장 뛰어나서 한량없고 끝없나니

비유컨대, 허공이 동·서·남·북과 중간의 네 군데 그리고 위아래가 한량없고 끝없듯이, 이 사람의 공덕도 또한 다시 이와 같이 한량없고 끝없어서 속히 일체종지에 이르리라.

10.

만약에 어떤 사람이 이 경을 독송하고 받아지니면서 남을 위하여 설해주며, 혹은 스스로 베껴 쓰고 남에게도 베껴 쓰도록 하고,

또한 능히 탑을 세우며 승방을 짓고, 성문의 스님들을 공양·찬탄하며, 또한 백천만억의 찬탄하는 법식(法式)대로 보살의 공덕을 찬탄하고,

또다시 남을 위하여 가지가지 인연으로 이 법화경을 뜻에 따라 해설해주면서, 다시 청정한 계율을 지키는 부드럽고 온화한 자와 함께

같이 머물고, 인욕하며 성내지 아니하고,
 뜻과 생각이 굳세어 항상 좌선을 귀히 여겨 온갖 깊은 선정을 얻고, 용맹정진으로 여러 좋은 법을 거둬들여, 예리한 지혜로 어려운 질문에도 능숙하게 답한다면, 아일다여!
 만약에 내가 멸도한 뒤에 이 경전을 받아 지니면서 독송하는 모든 선남자 선여인이 다시 이와 같은 온갖 착한 공덕이 있다면, 분명히 알지어다.
 이 사람은 이미 도량에 나아가 '아뇩다라 삼먁삼보리'에 가까워져 보리수 아래 앉음이니라.
 아일다여! 이 선남자 선여인이 혹은 앉거나, 혹은 서있거나, 혹은 거닐던 곳에 응당히 탑을 세울지니, 모든 하늘과 인간들이 전부가 다 마땅히 공양하되 불탑(佛塔)처럼 하리라."

11.

 이어서 세존께서 거듭하여 이 뜻을 펴시고자 게송으로 이르시길:

頌1

"만약 내가 멸도(滅度)한 뒤
능히 이 경 받들어서 지닌다면
이 사람 복 한량(限量)없어
앞에 설함 같거니와 이는 바로
온갖 공양(供養) 갖춤이라.

頌2

① 사리(舍利) 모셔 탑(塔) 세우고
칠보(七寶)로써 장엄(莊嚴)하되
매우 높고 넓은 표찰 차츰차츰
작아져서 범천까지 다다르고
② 천만억의 보배 방울 바람 불어
묘한 소리 울려대고

한량없는 겁 동안을
　　　꽃과 향과 모든 영락
③ 하늘 옷과 온갖 풍악
　　　이 탑 앞에 공양하고
　　　향유등과 소등 켜서
　　　두루 항상 밝힌다고 할지라도
④ 오탁악세(五濁惡世) 말법시대
　　　능히 이 경 지니는 자
　　　이미 앞의 온갖 공양
　　　빠짐없이 갖추리라.

송 3

① 만약 능히 이 경 받아
　　　지닌다면 지금 바로 부처님 전
　　　우두전단(牛頭栴檀) 향나무로
　　　승방 세워 공양하되
② 서른두 채 전당 있어

그 높이가 8다라수
　　좋은 음식·묘한 의복
　　침상·와구 고루고루 갖추고서
③ 백천 대중(百千大衆) 머문 곳에
　　숲 동산과 목욕할 못 산책로와
　　좌선(坐禪)할 방 갖가지로
　　아름답게 장엄함과 같으니라.

　　　頌 4

　　만약 믿고 이해하는 마음으로
　　받아 지녀 독송하고 베껴 쓰며
　　혹은 다시 남에게도 쓰게 하고
　　이 경전(經典)에 공양(供養)하되
② 꽃과 향과 가루 향을 흩뿌리고
　　수만나꽃·첨복(瞻蔔)꽃과
　　아제목다가의 향기(香氣)로운
　　기름으로 끊임없이 불을 밝혀

③ 이와 같이 공양한 자
  얻는 공덕 한량없어
  마치 허공 끝없듯이
  그 복 역시 이러하리.

· 頌 5

① 더욱이나 법화경을 지니면서
  겸하여서 보시·지계·인욕하고
  또한 선정 즐기면서 성냄 없고
  악한 말도 하지 않고
② 보배탑에 공경하되
  비구들께 겸손하고
  자만심을 멀리 떠나
  항상 지혜 사유하며
③ 까다로운 질문에도 성 안 내고
  수순(隨順)하여 설(說)함이라!
  만약 능히 이런 행을 행한다면

그 공덕은 헤아리지 못하리라.

頌 6

① 이런 공덕 성취하는 법사 보면
하늘 꽃을 흩뿌리고 하늘 옷을
그의 몸에 덮어주며 발에 머리
조아려서 예경하고
부처님을 생각하듯
그런 마음 낼지어다.

② 또한 응당 생각하되
'머지않아 보리수에 나아가서
무루·무위 얻을 법사 하늘·인간
두루 널리 이익 주리.' 할지어다.

③ 그 법사(法師)가 머물면서
한 게송을 읊조렸다 할지라도
거닌 곳과 혹은 앉고 누운 곳에
응당(應當) 탑(塔)을 세우고서

묘하고도 아름답게 장엄하여
가지가지 온갖 공양 올릴지니
④ 불자들이 이런 경지 머문다면
부처님이 바로 즉시 받아들여
그 가운데 항상 함께
앉고 눕고 거니리라."

묘법연화경 분별공덕품 제17 마침

묘법연화경(妙法蓮華經)
수희공덕품(隨喜功德品) 제18

1.

그때에 미륵보살마하살이 부처님께 사뢰기를 :

"세존이시여! 만약에 어떤 선남자 선여인이 이 법화경을 듣고서 같이 따라 기뻐한다면, 얻을 복(福)이 얼마나 되나이까?"

이어서 게송으로 사뢰기를 :

頌

"세존께서 멸도하신
뒤에라도 뉘 있어서
이 경 듣고 같이 따라 기뻐하면
얻을 복이 그 얼마나 되나이까?"

2.

그때에 부처님께서 미륵보살마하살에게 고하시길 :

"아일다여! 여래가 멸도한 뒤, 만약에 비구·비구니·우바새·우바이와 또 다른 지혜로운 어른이거나 어린이가 이 경을 듣고서 같이 따라 기뻐하며, 법회에서 나와 다른 곳으로 가되,

혹은 승방이나 혹은 한적한 곳이거나, 때로는 도시거나 저잣거리거나, 크고 작은 마을에 있으면서, 들은 대로 부모·친척과 좋은 벗과 지인(知人)을 위하여서 힘껏 연설하여 주거늘.

이 모든 사람들이 듣고서 같이 따라 기뻐하여 다시 그 가르침을 전하여, 또 다른 사람이 듣고서 역시나 같이 따라 기뻐하고 가르침을 전해 이와 같이 되풀이하여 50번째에 이른다면,

아일다여!
 그 50번째의 선남자 선여인이 같이 따라서 기뻐한 공덕을 내가 지금 설하리니, 그대는 마땅히 잘 들을지어다.

3.
 만약에 4백만 억 아승기 세계, 여섯 갈래(六趣)의 알에서·모태에서·습기에서·홀연히 태어난 4생(四生)과, 형체가 있는 것·없는 것과, 생각이 있는 것·없는 것·있다고도 없다고도 말할 수 없는 것과, 발이 없거나 두 발·네 발·여러 발인 이러한 중생들 속에 있으면서 어떤 사람이 복을 구하려고, 그들의 요구대로 즐길만한 도구를 모두 다 나누어 주되, 낱낱의 중생마다 염부제가 가득 찰만큼 금·은·유리·자거·마노와 산호·호박의 온갖 묘하고도 진귀한 보배와, 코끼리나 말이 끄는 수레와 칠보로 조성된 궁전과 누각 등을 주었나니, 이 큰 시주(大施主)가 이와 같이 보시하여 80년을 다 채우고서,

'내가 이미 중생들에게 즐길만한 도구를 베풀어서 그들의 요구를 따랐지만, 이러한 중생들이 모두가 이미 노쇠하여 나이가 80이 넘어, 머리는 희고 얼굴은 주름져서 장차 머지 않아 죽으리니, 내가 마땅히 불법으로 가르쳐서 인도하리라.' 생각하고, 곧바로 이 중생들을 운집(雲集)시켰느니라.

그리하여 불법(佛法)으로 교화하길 선포하되, 보이고(示) 가르치고(敎) 이롭게 하고(利) 기쁘도록 하여(喜), 한꺼번에 모두가 수다원도(道)·사다함도(道)와 아나함도(道)·아라한도(道)를 얻도록 하였으며,

모든 번뇌를 끊고 깊은 선정(禪定)에 들도록 하여 전부가 자재를 얻고 팔해탈(八解脫)을 갖추게 하였다면, 그대의 생각은 어떠한고? 이 큰 시주의 얻을 공덕이 정녕 많다고 하겠느뇨?"

미륵이 부처님께 사뢰기를 :

"세존이시여! 이 사람의 공덕이 매우 많아 한량없고 끝이 없으리니, 설령 이 시주가 다만 중생에게 온갖 즐길만한 도구를 베풀었더라도 공덕이 한량없거늘, 어찌 하물며 아라한과(阿羅漢果) 등을 얻도록 함이겠나이까?"

4.

부처님께서 미륵에게 고하시길 :

"내가 지금 그대에게 분명히 고하노니, 이 사람이 온갖 즐길만한 도구를 400만 억 아승

기 세계의 여섯 갈래 중생에게 베풀고 또한 아라한과를 얻게 했을지라도,

그가 얻은 공덕은 저 50번째의 사람이 법화경의 한 게송을 듣고서, 같이 따라 기뻐한 공덕의 백분(百分)·천분(千分)과 백천만억분의 일에도 미치지 못하며, 나아가 산수나 비유로도 도저히 알 수가 없느니라.

아일다여! 이와 같이 50번째의 사람이 되풀이하여 법화경(法華經)을 듣고서, 같이 따라 기뻐한 공덕도 오히려 한량없고 끝이 없는 아승기(阿僧祇)거늘, 어찌 하물며 최초의 모임에서 듣고 같이 따라 기뻐한 자이겠느뇨?

그 사람의 복은 더욱 수승(殊勝)하여 한량없고 끝이 없는 아승기로 정녕 비교할 수가 없느니라.

또한 아일다여! 만약에 어떤 사람이 이 경을 위하여 승방에 찾아가서 혹은 앉거나 혹은 서서 잠시나마 듣고 받아들인다면, 이 공덕의 인연으로 몸을 바꿔 태어날 적에 매우 아름답고 훌륭한 코끼리나 말이 끄는 수레와 진귀한 보배 가마를 얻게 되어, 하늘궁전에 오를 것이다.

또다시 어떤 사람이 법을 강의하는 곳에 앉아 있다가 다른 사람이 오자, 앉아서 듣도록 권하되 자리를 나누어 앉게 한다면, 이 사람의 공덕은 몸을 바꿔 태어날 적에 제석천의 자리나 혹은 범천왕의 자리·전륜성왕의 자리를 얻게 되리라.

6.

아일다여! 만약에 다시 어떤 사람이 다른

사람에게 말하기를 '묘법연화경이 있는데 같이 가서 들으면 정녕 좋으리라.'고 하니,

그 사람이 곧바로 그 말을 받아들여 잠시라도 듣게 된다면, 권했던 그 사람의 공덕은 몸을 바꿔 태어날 적에 다라니를 얻은 보살과 같은 곳에 함께 태어나리니.

자질이 예리하고 지혜로우며 백천만 생을 말 못하는 장애가 없고, 입에서는 악취가 나지 않으며, 혀와 입이 항상 병이 없고, 치아는 때 끼거나 검거나 누렇거나 성글지 않으며, 또한 빠지거나 어긋나거나 굽지도 않고,

입술이 아래로 처지거나 위로 말리지도 않으며, 거칠거나 부스럼이 나지 않고, 찢어지거나 비뚤어지지도 않으며, 너무 두텁지도 크지도 않고, 또한 검지도 않아 온갖 싫어할 만한 것이 전혀 없으며,

코는 납작하거나 넓지 않고, 또한 굽거나 비뚤어지지도 않으며, 얼굴은 검거나 좁거나 길거나 오목하거나 굽지 아니하여, 좋지 않은 모습이라곤 전혀 없으리라.

 입술과 혀와 치아가 전부 다 흠 하나 없이 좋으며, 코는 길쭉하니 높고 똑바르며, 얼굴 모습은 원만하고, 눈썹은 높고 길며, 이마는 넓고 평평하여 반듯하며, 사람으로서 생김새가 고루 갖추어져 세세생생(世世生生)을 날 적마다 부처님을 친견하여, 법을 듣고 가르침을 믿어 받들 것이니라.

 아일다여! 그대는 또한 이를 살필지니, 한 사람을 권하여 가서 법을 듣도록 한 공덕도 이럴진대, 어찌 하물며 일심으로 듣고서 독송하며 대중 앞에서 남을 위하여 분별해서 설해 주고, 설한대로 수행함이겠느뇨?"

7.
이어서 세존께서 거듭하여 이 뜻을 펴시고자 게송으로 이르시길:

頌1
① "그 뒤 있어 법회에서
　이 경전의 한 게송만
　같이 따라 기뻐하고
　남을 위해 설해주되
② 이와 같이 가르침을
　되풀이해 오십 번째 이르거든
　마지막의 그 사람이 얻을 복을
　지금 응당 분별하여 설하리라.

頌2
① 만약 어떤 큰 시주(施主)가
　한량없는 중생(衆生)에게

팔십 년(八十年)이 다하도록
　　　뜻을 따라 원하는 것 나눠주되
② 그 사람들 노쇠(老衰)하여
　　　흰머리에 주름지고 빠진 치아
　　　비쩍 마른 모습 보고 머잖아서
　　　죽으리라 생각되어
③ '내가 이제 가르쳐서
　　　수행 결과 얻게 하리.'
　　　결심하고 바로 즉시 방편으로
　　　열반이란 진실의 법 설하기를
④ '견고(堅固)하지 못한 세상
　　　물거품과 아지랑이 같거니와
　　　너희 응당(應當) 어서 빨리
　　　싫증내고 여읠 마음 내라.' 하니
⑤ 모든 사람 이런 법문 듣고나서
　　　아라한과(阿羅漢果) 전부 얻어

삼명(三明)·육통(六神通)
　　팔해탈을 갖추도록 할지라도
⑥ 마지막의 오십(五十) 번째
　　한 게송을 듣고 따라 기뻐한 자
　　이 사람 복 저보다도 뛰어나서
　　정녕 감히 비유할 수 없느니라.
⑦ 이와 같이 되풀이해 듣게 해도
　　그 복 되레 한량없이 많거니와
　　더욱이나 법회에서 처음 듣고
　　같이 따라 기뻐하는 사람이랴!

　　　　頌 3

① 그 뉘 있어 한 사람을 권하여서
　　인도하여 법화경을 듣게 하되
　　'이 경 매우 미묘하니 천만겁에
　　만나기가 어렵다.'고 말하거늘
② 바로 그 말 받아들여

잠깐 가서 듣더라도
권한 사람 받을 복을
지금 응당 분별하여 설하리라.

頌 4

① 세세생생 입병 없고 치아 또한
성글거나 누렇거나 검지 않고
입술 아니 두꺼우며 안 말려서
보기 싫은 모습 없고
② 혀는 짧고 마르거나 검지 않고
코는 높고 길쭉하고 똑바르며
넓은 이마 평평하여 반듯하고
생긴 얼굴 단정하고 엄숙하며
③ 남들 보기 좋아하고 입에서는
악취(惡臭) 나지 아니하며
푸른 연꽃(優鉢羅華) 좋은 향기
그 입에서 항상 풍겨 나오리라.

頌 5

① 법화경을 듣기 위해
만약 승방 찾아가서
잠깐 듣고 기뻐하는
그 복 지금 설하리니
② 뒷세상에 하늘·인간
태어나되 아름다운
코끼리나 말의 수레
귀한 보배 가마 얻어
하늘궁전 오르리라.

頌 6

① 만약 법을 강의하는 그곳에서
다른 사람 자리 권해 듣게 하면
그 복(福) 지은 인연(因緣)으로
제석·법천·전륜왕좌 얻거니와
② 더욱이나 일심(一心)으로

들은 뒤에 그 뜻 풀어 설하면서
설(說)한 대로 행(行)함이라!
그 복 정녕 헤아릴 수 없느니라."

묘법연화경 수희공덕품 제18 마침

묘법연화경(妙法蓮華經)
법사공덕품(法師功德品) 제19

1.

그때에 부처님께서 상정진(常精進)보살마하살에게 고하시길 :

"만약에 선남자 선여인이 이 법화경을 마음에 새겨 받아 지니고서(受持), 혹은 읽거나(讀) 혹은 외우거나(誦) 때로는 해설(解說)하거나 베껴 쓴다면(書寫), 이 사람은 마땅히 눈의 공덕 800과 귀의 공덕 1,200과 코의 공덕 800과 혀의 공덕 1,200과 몸의 공덕 800과 뜻의 공덕 1,200을 얻으리니, 이러한 공덕으로 6근(六根)을 장엄하여 모두가 청정하게 될 것이다.

2.

 이 선남자 선여인은 부모로부터 받은 청정한 육신의 눈(肉眼)으로 삼천대천세계 안팎의 산림과 하천과 바다를 보되, 아래로는 아비지옥에서 위로는 유정천(有頂天)에 이르도록 역시나 그 안의 일체중생들을 보고, 아울러 업의 인연과 과보로 태어나는 곳을 다 보고 다 알 수 있으리라."

3.

 이어서 세존께서 거듭하여 이 뜻을 펴시고자 게송으로 이르시길:

제1

"만약 대중 가운데서
 두렴없는 마음으로
 이 법화경 설할진대

그대들은 그 공덕을 들을지라.

　　頌 2

① 이 사람은 팔백 공덕
　 수승한 눈 얻게 되어
　 이것으로 장엄할새
　 그 눈 매우 청정하여
② 부모에게 받은 눈이
　 저 드넓은 온 우주의
　 안과 밖의 미루산과
　 수미산과 철위산과
　 여러 다른 산림들과
　 큰 바다와 강과 하천 환히 보고

　　頌 3

아래로는 아비지옥 맨 위로는
유정천에 이르도록
그 가운데 모든 중생

빠짐없이 다 보리니
　　　하늘의 눈 못 얻고도
　　　육안의 힘 이렇다네.

4.

　또다시 상정진이여! 만약에 선남자 선여인이 이 경을 마음에 새겨 받아 지니고서, 혹은 읽거나 혹은 외우거나 때로는 해설하거나 베껴 쓴다면, 귀의 공덕 1,200을 얻어 이 청정한 귀로 삼천대천세계의 아래로는 아비지옥에서 위로는 유정천에 이르도록 안팎의 가지가지 언어음성인,

　코끼리소리·말의 소리·소의 소리·수레소리와 통곡하는 소리·탄식하는 소리와 소라 부는 소리·북소리와 종소리·방울소리와, 웃음소리·말하는 소리와 남자·여자·동자

· 동녀의 소리와 옳은 소리 · 그른 소리와 괴로운 소리 · 즐거운 소리와 범부 · 성인의 소리와 기쁨의 소리 · 기쁘지 않은 소리와,

천신 · 용의 소리와 야차 · 건달바 · 아수라 · 가루라 · 긴나라 · 마후라가의 소리와 불타는 소리 · 물소리 · 바람소리와 지옥 · 아귀 · 축생의 소리와,

비구 · 비구니의 음성과 성문 · 벽지불 · 보살의 음성과 부처님의 음성을 들을 수 있으리라.

요점을 말하자면 비록 하늘의 귀(天耳)를 얻지 못했으나, 부모로부터 받은 청정한 평상시의 귀로 삼천대천세계 안팎의 모든 소리를 전부 다 듣고 알게 되나니, 이와 같이 가지가지 음성을 분별하면서도 귀는 손상되지 않느니라."

5.

이어서 세존께서 거듭하여 이 뜻을 펴시고자 게송으로 이르시길 :

頌1

①"부모에게 받은 귀가 청정하여
　흐릿하고 더럼 없어
　평상시의 귀로 듣되
　삼천세계 안에 있는
② 코끼리와 마소소리·수레소리
　종소리와 방울소리·소라소리·북소리와
　거문고와 비파소리·공후소리
　퉁소소리·피리소리
③ 맑고 좋은 노랫소리
　모두 듣되 집착 없고
　많고 많은 사람 소리
　전부 듣고 이해하며

④ 또한 모든 하늘 소리
　 묘한 노래 다 들으며
　 남자들과 여자 소리
　 동자·동녀 소리 듣고
⑤ 산천·험한 계곡 속의
　 가릉빈가 그 소리와
　 명명 등의 온갖 새들
　 그 소리를 다 들으며

頌 2

① 지옥중생 숱한 고통
　 가지가지 고초 받는 비명소리
　 아귀들이 굶주리고 목말라서
　 음식 찾는 소리들과
② 큰 해변에 모여 사는
　 아수라(阿修羅)들
　 왁자지껄 말하면서

큰 소리를 낼지라도
② 이와같은 설법자는
　　　그 사이에 편안하게 머물면서
　　　온갖 소리 멀리서도 다 듣지만
　　　귀가 전혀 손상되지 않으리라.

　　頌 3

① 시방세계 그 가운데 모든 짐승
　　　서로 불러 우는 소리
　　　설법하는 그 사람은
　　　여기에서 다 들으며
② 모든 범천 세상들인
　　　광음천과 변정천과
　　　유정천에 이르도록
　　　그곳 모든 말소리를
　　　법사 여기 머물면서
　　　빠짐없이 전부 듣고

③ 일체 모든 비구대중
 비구니들 혹은 경전 독송하고
 혹은 남을 위하여서 설하거늘
 법사여기 머물면서
 빠짐없이 전부듣고
④ 또한다시 보살들이
 이 경전을 독송하고
 혹은 남을 위하여서 설해주며
 그 뜻모아 기록하여 해설하는
 이와같은 모든 음성
 빠짐없이 전부듣고
⑤ 대성존인 제불여래
 큰 법회의 여러 대중 가운데서
 중생(衆生)들을 교화(敎化)코자
 미묘한법 설하심을
 이 법화경 지닌 자는

빠짐없이 전부듣고

　　　頌 4

① 삼천대천 그 세계의
　　안과 밖의 온갖 소리
　　아래로는 아비지옥 맨위로는
　　유정천(有頂天)에 이르도록
② 그 음성(音聲)을 전부 듣되
　　귀가 전혀 손상되지 않으리니
　　그 귀 매우 총명하고 예리하여
　　능히 전부 분별하여 알거니와
③ 이 법화경 지닌 자는
　　하늘의 귀 못얻고도
　　오직 날때 귀만으로
　　공덕이미 이와 같네.

또다시 상정진이여! 만약에 선남자 선여인이 이 경을 마음에 새겨 받아 지니고서, 혹은 읽거나 혹은 외우거나 때로는 해설하거나 베껴 쓴다면, 코의 공덕 800을 성취하여 이 청정한 코로 삼천대천세계 위아래와 안팎의 가지가지 온갖 향을 맡을 수 있으리니.

수만나(須曼那)꽃 향기와 사제(闍提)꽃·말리(末利)꽃·첨복(瞻蔔)꽃·바라라(波羅羅)꽃 향기와 붉은 연꽃·푸른 연꽃·하얀 연꽃의 향기와 꽃나무(華樹) 향기·과일나무(菓樹) 향기와 전단향·침수향과 다마라발(多摩羅跋)·다가라(多伽羅)향과 천만 가지의 조화로운 향기(和香)와,

혹은 가루 향과 환으로 된 향과 바르는 향을 이 경 지니는 자는 여기에 머물면서 능히 다 분별할 수 있으며,

또다시 중생의 냄새를 분별하여 알되, 코끼리와 말의 냄새·소와 양의 냄새와 남자·여자·동자·동녀의 냄새와 초목·수풀의 냄새와 혹은 가깝고 먼 곳의 온갖 냄새를 전부 다 맡아 분별하여 착오가 없으리라.

　이 경을 지니는 자는 비록 여기에 있으면서도 또한 천상의 모든 하늘 냄새를 맡으리니, 파리질다라(波利質多羅)·구비다라수(拘鞞陁羅樹) 향기와 만다라꽃·마하만다라꽃·만수사꽃·마하만수사꽃 향기와 전단·침수향과 가지가지 가루 향과 뒤섞인 온갖 꽃향기의 이와 같은 하늘 향기가 화합하여 풍기는 냄새를 맡아서 알지 못할 것이 없으리라.

　또한 모든 천신들의 몸 냄새를 맡으리니, 석제환인이 수승전(殊勝殿) 위에서 오욕(五欲)을 즐기면서 노닐 적에 나는 냄새와 묘법당(妙法堂)

위에서 도리천들을 위하여 설법할 때 나는 냄새와,

　혹은 여러 동산에서 유희할 적의 냄새와 다른 여러 하늘의 남자·여자 몸 냄새를 멀리서 다 맡되, 이와 같이 점점 올라 범천에 다다르고, 위로는 유정천에 이르도록 모든 천신들의 몸 냄새를 역시 다 맡으리라.

　아울러 모든 하늘에서 피우는 향(香)을 맡고, 성문·벽지불과 보살들의 향기와 부처님의 몸에서 풍겨오는 향기를 멀리서 모두 맡아 그들의 소재(所在)를 알 수 있으리니.

　비록 이러한 냄새를 맡으면서도 코가 손상되지 않고 착오도 없을 거며, 만약에 분별해서 남을 위하여 설하고자 할지라도 기억에 오류가 없으리라."

7.

이어서 세존께서 거듭하여 이 뜻을 펴시고자 게송으로 이르시길:

頌1
"이 사람코 청정하여
이 세상의 향기거나
물건 냄새 가지가지
모두 맡아 알것이니

頌2
① 수만나와 사제꽃 향
다마라와 전단향과
침수향과 계수향과
갖가지 꽃·과일 향과
② 중생(衆生) 냄새
남녀들의 냄새 알되
설법자는 멀리서도

냄새 맡아 소재 알며
③ 큰 세력의 전륜왕과
　　작은 세력 전륜왕과
　　그의 아들 신하들과
　　궁인(宮人)들을
　　냄새 맡아 소재 알며
④ 몸에 지닌 보배들과
　　땅에 묻힌 보물이나
　　전륜왕(轉輪王)의
　　보배 여인(寶女)
　　냄새 맡아 소재 알며
⑤ 사람들의 장신구와
　　옷과 영락(瓔珞)
　　가지가지 바르는 향
　　냄새 맡아 그 몸 알며

① 이 법화경 지니는 자
　천신(天神)들이
　다니거나 앉았거나
　노닐거나 신통변화
　냄새 맡아 모두 알며
② 온갖 나무·꽃과 열매
　소유(酥油) 향기
　경 지닌 자 여기에서
　그 소재를 모두 알며

　　　頌 4
① 깊은 산속 험준한 곳
　전단나무 꽃이 피면
　거기 있는 중생들을
　냄새 맡아 모두 알며
② 철위산의 큰 바다와
　땅속 모든 중생들을

경 지닌 자 냄새 맡아
　　　그 소재를 모두 알며
　③ 아수라의 남녀들과
　　　그의 모든 권속들이
　　　투쟁하고 노니를 적
　　　냄새 맡아 모두 알며
　④ 넓은 들판 험악한 곳
　　　코끼리와 사자·이리·호랑이와
　　　들소·물소 이 모두를
　　　냄새 맡아 소재 알며
　⑤ 아이를 밴 여인 몸속
　　　남자인지 여자인지
　　　중성(中性)인 지
　　　비인(非人)인 지
　　　냄새 맡아 모두 알며
　⑥ 냄새 맡는 그 힘으로

임신했던 시초부터
　　성취할지 못할지와
　　복(福)된 아들
　　순산할지 모두알며
⑦ 냄새 맡는 그 힘으로
　　남녀들이 생각하는
　　탐·진·치의 마음알고
　　또한　선행(善行)
　　닦는자도 모두알며
⑧ 땅속깊이 감추어진
　　금(金)과　은(銀)과
　　온갖귀한 보배들과
　　쇠그릇에 담긴것을
　　냄새 맡아 모두알며
⑨ 값도 모를 가지가지
　　영락들을 냄새 맡아

귀천(貴賤)·출처(出處)
　　　그 소재를 모두 알며

　　　頌 5

① 천상세계 온갖 꽃인
　　　만다라꽃·만수사꽃
　　　파리질다 나무들도
　　　냄새 맡아 모두 알며
② 천상세계 모든 궁전
　　　상·중·하의 차별들과
　　　온갖 보배·꽃 장엄을
　　　냄새 맡아 모두 알며
③ 하늘동산·수승전과
　　　여러 누각·묘법당의
　　　그 안에서 즐기는 일
　　　냄새 맡아 모두 알며
④ 여러 하늘 법 듣거나

혹은 오욕(五欲) 누릴 적에
오고 가고 앉고 눕고 거니는 일
냄새 맡아 모두 알며
⑮ 천상선녀 입은 옷에
좋은 꽃과 향을 뿌려
장엄(莊嚴)하고
두루 돌며 노니는 때
냄새 맡아 모두 알며
⑯ 이와 같이 점점 올라
범천 세상 이르러서
선정 들고 나는 자를(入出者)
냄새 맡아 모두 알며
⑰ 광음천과 변정천과
유정천에 이르도록
처음 나고 뒷날 타락
냄새 맡아 모두 알며

頌 6

① 여러 비구 대중들이
　불법(佛法) 속에
　끊임없이 정진하되
　혹은 앉고 거닐거나
　혹은 경전 독송하고
② 혹은 숲속 나무아래
　오롯하게 좌선함을
　경 지닌 자 냄새 맡아
　그 소재를 모두 알며
③ 보살의 뜻 견고하여
　좌선하고 독송하며
　남을 위해 법 설함을
　냄새 맡아 모두 알며
④ 곳곳마다 세존께서
　모두에게 공경 받고

중생(衆生)들을
애민하사 법 설함을
냄새 맡아 모두 알며
⑥ 여래 앞에 있는 중생
경을 듣고 기뻐하며
여법하게 수행함을
냄새 맡아 모두 알며

頌7

비록 보살 번뇌 없는
법의 코를 못 얻고도
이 경전을 지닌 자는
먼저 이런 코의 공덕 얻으리라.

8.
또다시 상정진이여! 만약에 선남자 선여인
이 이 경을 마음에 새겨 받아 지니고서, 혹은

읽거나 혹은 외우거나 때로는 해설하거나 베껴 쓴다면, 혀의 공덕 1,200을 얻으리니.

혹은 좋고 혹은 나쁘거나 때로는 맛이 있고 때로는 맛없거나, 여러 가지 쓰고 떫은 것이라도 그의 혀에 닿는다면, 전부가 최상의 맛으로 변하여 천상의 감로수 같아서 맛없는 게 없을 것이로다.

만약에 이러한 혀로 대중 가운데서 연설하면, 깊고도 미묘한 음성이 흘러나와 능히 듣는 이의 심금(心琴)을 울려 모두가 기뻐하고 쾌락을 느끼리라.

또한 모든 천자(天子)·천녀(天女)들과 제석천과 범천의 여러 하늘이 이러한 깊고도 미묘한 음성을 듣고, 연설하는 말과 글의 차례를 전부가 와서 들을 거며,

모든 용왕과 용녀와 야차·야차녀와 건달바

·건달바녀와 아수라·아수라녀와 가루라·가루라녀와 긴나라·긴나라녀와 마후라가·마후라가녀 등이 법을 듣기 위하여 모두가 와서 친근하고 공경·공양하고,

비구·비구니·우바새·우바이와 국왕·왕자·군신의 권속들과 칠보를 지닌 소전륜왕·대전륜왕과 1천의 아들과 안팎의 권속들이 그 궁전을 타고 함께 와서 법을 들으리라.

이 보살이 설법을 잘하기 때문에 바라문과 거사와 나라 안의 백성들이 목숨이 다하도록 따라 모시면서 공양할 것이로다.

또한 모든 성문·벽지불과 보살과 제불께서 항상 즐거이 그를 볼 것이며, 이 사람이 있는 곳을 향하여 제불께서 설법하시리니, 능히 일체 불법을 다 받아 지니고 또한 능히 깊고도 미묘한 법음(法音)을 내게 되리라."

9.

이어서 세존께서 거듭하여 이 뜻을 펴시고자 게송으로 이르시길 :

頌1

"이 사람 혀 청정하여
나쁜 맛을 느끼는 일 전혀 없고
먹고 씹는 그 모두가
감로 맛이 되리로다.

頌2

깊고 묘한 맑은 음성
대중에게 설법하되
온갖 인연·비유들로
중생 마음 인도할새
모두 듣고 기뻐하여
으뜸가는 온갖 공양 베풀 거며

頌3

① 여러 하늘·용과 야차
　아수라의 모든 이들
　공경하는 마음으로
　함께 와서 법을 듣고
② 설법하는 이 사람이
　만약 묘한 음성으로
　삼천세계 두루 차게 하고프면
　그 뜻대로 바로 능히 도달하며
③ 크고 작은 전륜왕(轉輪王)과
　1천 왕자(王子) 권속(眷屬)들이
　합장하고 공경하는 마음으로
　항상 와서 법을 듣고 받자오며
④ 여러 하늘·용과 야차
　나찰들과 비사사도
　또한 기쁜 마음으로
　항상 즐겨 찾아와서 공양하며

⑤ 범천왕과 마왕들과
　 자재천과 대자재천
　 이와같은 모든 하늘
　 대중들도 그의 처소 항상 오고
⑥ 제불(諸佛)들과 그의 제자(弟子)
　 설법(說法)하는 그의 음성(音聲)
　 듣고서는 그를 항상 생각하여
　 수호하며 때론 몸을 나타내리.

10.

또다시 상정진이여! 만약에 선남자 선여인이 이 경을 마음에 새겨 받아 지니고서, 혹은 읽거나 혹은 외우거나 때로는 해설하거나 베껴 쓴다면, 몸의 공덕 800을 얻으리니.

청정한 몸을 얻되 마치 맑은 유리와 같아서 중생들이 보기 좋아하며, 그의 몸이 맑고 맑아서 삼천대천세계 중생들의 나고 죽을 때와, 위아래와 좋고 나쁜 정도와, 선한 곳·악한 곳에 태어남이 그의 몸 가운데 전부 나타나고,

철위산·대철위산과 미루산·마하미루산 등 여러 산들과 그 안에 있는 중생들이 그의 몸 가운데 전부 나타나며,

아래로는 아비지옥에서 위로는 유정천에 이르도록 그곳에 있는 것은 물론 중생들이 그의 몸 가운데 전부 나타나며,

혹은 성문·벽지불과 보살들과 제불(諸佛)의 설법하는 모습이 그의 몸 가운데 모두 나타나리라."

11.

이어서 세존께서 거듭하여 이 뜻을 펴시고자

게송으로 이르시길 :

頌1

"법화경을 지니는 자
그 몸 매우 청정하여
마치 맑은 유리 같아
중생들이 모두 보고 기뻐하리.

頌2

또한 맑고 밝은 거울
모든 모습 다 비치듯
이 보살의 맑은 몸에
세상 있는 그 모두가 나타나되
오직 혼자 환히 알고
다른 사람 못 보나니

頌3

삼천세계 그 가운데
일체 모든 중생들과

하늘·인간·아수라와
지옥·아귀·축생들의
이와 같은 모든 모습
몸 가운데 나타나며

頌 4

모든 하늘 궁전들과
유정천에 이르도록
철위산과 크고 작은 미루산과
여러 대해 바닷물이
몸 가운데 나타나며

頌 5

불자들과 성문들과
보살들과 제불께서
홀로거나 혹은 대중 함께 하며
설법하는 그 모두가 나타나며

頌 6

비록 번뇌 없는 법성
　　　미묘한 몸 못얻고도
　　　맑고 맑은 평소 몸에
　　　전부가 다 그 가운데 나타나리.

12.

　또다시 상정진이여! 만약에 선남자 선여인이 여래가 멸도한 뒤에 이 경을 마음에 새겨 받아 지니고서, 혹은 읽거나 혹은 외우거나 때로는 해설하거나 베껴 쓴다면, 뜻의 공덕 1,200을 얻어, 이 청정한 의근(意根)으로 한 게송이나 한 구절을 듣더라도 한량없고 끝이 없는 의미를 통달하리니.

　그 의미를 이해하고 나서 한 구절이나 한 게송을 능히 연설하여, 한 달에서 넉 달 또는 1년에 이르도록 설한 모든 설법이, 그 의미를

따라서 전부가 다 실상(實相)과 서로 어긋나지 않을 거며,

 만약에 속세의 경서(經書)나 세상을 다스리는 언설이나 생업에 관한 것들을 설할지라도 모두 정법(正法)에 수순하게 되느니라.

 삼천대천세계 여섯 갈래 중생들이 마음으로 행하는 바와, 마음으로 움직이는 바와, 마음으로 부질없이 논쟁하는 바를 전부 알게 되리니.

 비록 번뇌가 없는 지혜(無漏智慧)를 얻지 못했으나, 그의 뜻(意根)이 청정하기가 이와 같아서, 이 사람의 사유와 헤아리고 말하는 것이 모두가 그대로 불법(佛法)이어서 진실치 않음이 없으며, 또한 이는 과거불(過去佛)의 경전 가운데 설한 바 그대로니라."

13.

이어서 세존께서 거듭하여 이 뜻을 펴시고자 게송으로 이르시길:

頌1

"이 사람의 청정한 뜻 명석하여
흐릿하고 더럼 없어
이런 묘한 의근으로
상·중·하의 법을 알며

頌2

한 게송만 듣더라도
무량한 뜻 통달하고
한 달·넉 달·일 년(一年) 동안
차례대로 여법하게 연설하며

頌3

이 세계(世界)의
안팎 일체 모든 중생

천·룡(天龍)·인간
　　야차들과 귀신들이
② 육취 중에 있으면서
　　생각하는 갖가지를
　　법화 지닌 공덕으로
　　한꺼번에 모두 알며

　　　頌 4
① 시방세계 많고 많은 부처님들
　　백 가지 복 장엄하신 모습으로
　　중생위해 법 설하심 전부 듣고
　　능히 받아 지닐 거며
② 무량한 뜻 사유하고
　　설법(說法) 역시 무량(無量)하되
　　시종일관 망각·착오 없으리니
　　법화경을 받아 지닌 덕분이라.
③ 모든 법의 실상 알고

의미 따라 차례 알며
　　이름자와 언어들도
　　통달하여 아는대로 연설하며
④ 이 사람의 설한바는 전부가 다
　　과거불의 법문이니
　　이런 법을 설하기에
　　대중앞에 두렴없고
⑤ 법화경을 지닌 자는
　　이와같이 뜻이 맑아
　　비록 무루(無漏) 못 얻고도
　　우선하여 이런 공덕 있으리니
⑥ 이 사람은 이 경 지녀
　　드물고도 드문 경지
　　안주(安住)할새 중생(衆生)들이
　　기뻐하고 공경하며 사랑하리.

능숙하게 천만(千萬) 가지
절묘(絶妙)하고 좋은 말로
분별(分別)하여 법 설함은
법화경을 받아 지닌 덕분이라."

묘법연화경 법사공덕품 제19 마침

묘법연화경(妙法蓮華經)
상불경보살품(常不輕菩薩品) 제20

1.

그때에 부처님께서 득대세(得大勢)보살마하살에게 고하시길:
"그대는 이제 분명히 알지어다.

만약에 법화경을 지니는 비구·비구니·우바새·우바이를 모진 말로 심하게 욕하고 비방하면, 크나큰 죄의 과보를 받는다는 것은 앞에서 설한 바와 같으며, 경을 지니는 공덕 또한 앞에서 설한대로 눈·귀·코·혀와 몸과 뜻의 청정을 얻느니라.

2.

득대세여! 멀고도 먼 과거 한량없고 끝이없는

불가사의 아승기겁을 지나 부처님이 계셨으니, 명호가 위음왕(威音王) 여래·응공·정변지·명행족·선서·세간해·무상사·조어장부·천인사·불세존이시며, 겁의 이름은 이쇠(離衰)였고 세계 이름은 대성(大成)이었나니.

그 위음왕불께서 저 세계 가운데 하늘과 인간·아수라 등을 위하여 설법하시되,

성문(聲聞)을 구하는 자에게는 마땅히 사제법(四諦法)을 설하셔 생·노·병·사에서 제도하여 마침내 열반토록 하시고,

벽지불(辟支佛)을 구하는 자에게는 마땅히 십이인연법(十二因緣法)을 설하시고,

모든 보살(菩薩)들을 위해서는 '최상의 완전한 깨달음'으로 말미암아 마땅히 육바라밀법(六波羅蜜法)을 설하셔 마침내 부처님의 지혜를 얻도록 하셨느니라.

3.

득대세여! 이 위음왕불의 수명은 40만 억 나유타 갠지스강 모래수의 겁이었고, 정법이 세상에 머무는 기간의 겁은 한 염부제의 가는 티끌 수 같았으며, 상법이 세상에 머무는 겁은 사천하의 가는 티끌 수 같았느니라.

그 부처님께서 중생을 요익되게 하신 연후에 멸도하셨으며, 정법(正法)과 상법(像法)이 다 지나고 이 세계에 다시 부처님께서 출현하셨거늘.

역시나 명호가 위음왕(威音王) 여래·응공·정변지·명행족·선서·세간해·무상사·조어장부·천인사·불세존이시라. 이와 같이 차례로 2만 억의 부처님께서 모두가 동일한 명호셨느니라.

4.

　최초의 위음왕여래께서 이미 멸도하시고 정법이 끝난 뒤, 상법 시대에 증상만의 비구가 큰 세력을 떨치더니, 그때 한 보살비구가 있어 이름이 상불경(常不輕)이었느니라.

　득대세여! 어떠한 인연으로 상불경이라 불렀던고? 이 비구는 비구·비구니·우바새·우바이가 보이면 그들에게 예경·찬탄하면서, '나는 그대들을 매우 존경하고 감히 업신여기지 않으오니, 어인 까닭인고? 그대들은 모두가 보살도(菩薩道)를 실천하여 틀림없이 성불할 것이기 때문이라.'고 말했나니.

　이 비구가 경전을 독송하는 데는 전념하지 않고 오직 예경만을 행하면서, 멀찍이 사부대중이 보이기만 하면 또한 다시 일부러 다가가서 예경·찬탄하면서 이르기를,

'나는 그대들을 감히 업신여기지 않으오니, 그대들은 모두가 틀림없이 성불하리라.'고 하였느니라.

사부대중 가운데 화를 내면서 마음이 깨끗하지 못한 자가 있었거니와 모진 말로 심하게 욕하면서 꾸짖기를,

'이 어리석은 비구야! 어디에서 왔기에 우리를 업신여기지 않는다면서, 우리에게 수기(授記)하여 틀림없이 성불한다고 스스로 지껄이느냐? 우리들은 이러한 허망한 수기는 필요치 않느니라.'

이와 같이 여러 해가 지나도록 항상 심한 욕을 먹으면서도 성내지 아니하고, 항상 이르기를 '그대들은 틀림없이 성불할 것이오.'

이런 말을 할 적에 대중들이 혹은 몽둥이나 기와나 돌로 때리고 쫓아내면, 피하여 달아나

고 멀찍이서 오히려 큰소리로 '나는 그대들을 감히 업신여기지 않으오니, 그대들은 모두가 틀림없이 성불하리라.'고 외쳤도다.

그가 항상 이런 말을 했기 때문에 증상만의 비구·비구니·우바새·우바이가 상불경(常不輕)이라 불렀느니라.

5.

이 비구가 죽음이 임박하여 위음왕불께서 앞에 설하신 법화경의 20천만 억 게송이 허공에서 들려오자, 자세히 듣고서는 전부 다 능히 마음에 새겨 지니고서, 곧바로 앞에 설함과 같이 눈의 청정과 귀·코·혀와 몸과 뜻의 청정을 얻었나니.

이 육근의 청정을 얻고 다시 수명이 늘어나 2백만 억 나유타의 햇수 동안 널리 사람들을 위하여 이 법화경을 설하였느니라.

때에, 이 사람을 경멸하여 상불경이라 별명 지었던 증상만의 사부대중인 비구·비구니·우바새·우바이가 이 사람이 크나큰 신통력과 말 잘하는 솜씨(樂說辯力)와 크나큰 지혜의 힘(大善寂力) 얻는 것을 보았으며, 그의 설법을 듣고는 모두가 믿고 순종하였나니.

이 보살은 다시 천만 억의 중생들을 교화하여 '아뇩다라삼먁삼보리'에 머물도록 하였느니라.

6.

그리고 수명이 마친 뒤에는 2천 억의 부처님을 만나 뵈었으니, 명호가 동일하게 일월등명(日月燈明)이시라.

그 불법 가운데 이 법화경을 설하고 이러한

인연으로 다시 2천 억의 부처님을 만나 뵈었으니, 명호가 모두 운자재등왕(雲自在燈王)이셨느니라.

이 제불의 법 가운데 이 경전을 마음에 새겨 지니면서, 독송하며 사부대중을 위하여 설하였기 때문에 이토록 평상시 눈의 청정과 귀·코·혀와 몸과 뜻의 모든 6근이 청정을 얻었으며, 사부대중 앞에서 설법하되 마음에 두려움이 전혀 없었나니.

득대세여! 이 상불경보살마하살이 이와 같이 많은 제불들께 공양·공경하고 존중·찬탄하여 온갖 착한 씨앗을 심은 뒤에 다시 천만 억의 부처님을 만나 뵙고, 역시나 제불의 법 가운데 이 경전을 설하고 공덕을 성취하여 마땅히 성불하였느니라.

7.

득대세여! 그때의 상불경보살(常不輕菩薩)이 어찌 다른 사람이겠느뇨? 바로 나의 몸이로다.

만약에 내가 과거 생(生)에 이 경을 마음에 새겨 지니고서, 독송(讀誦)하며 다른 사람들을 위하여 설하지 않았다면, '최상의 완전한 깨달음'을 이토록 빨리 얻지 못했으련만,

내가 과거불의 처소에서 이 경을 마음에 새겨 지니고서, 독송하며 사람들을 위하여 설했기에 '최상의 완전한 깨달음'을 속히 얻을 수 있었느니라.

8.

득대세여! 그때 성내면서 나를 경멸한 비구·비구니·우바새·우바이의 사부대중

은 2백 억겁 동안이나 항상 부처님을 만나 뵙지 못했으며, 불법도 듣지 못하고 스님들도 보지 못했나니.

그 천 겁 동안을 아비지옥에서 심한 고통(苦痛) 속에 괴로워하다가 그 죄를 마친 뒤에, 다시 상불경보살의 '최상의 완전한 깨달음'으로 교화함을 만났느니라.

득대세여! 그때의 이 보살을 항상 업신여겼던 사부대중이 어찌 다른 사람이겠느뇨?

지금 이 모임 가운데의 발타바라(跋陀婆羅) 등 5백의 보살과 사자월(師子月) 등 5백의 비구와 니사불(尼思佛) 등 5백의 우바새로 '최상의 완전한 깨달음'에서 물러나지 않는 모두가 바로 이들이니라.

득대세여! 분명히 알지어다. 이 법화경은 모든 보살마하살을 크게 요익(饒益)되게 하여

능히 '최상의 완전한 깨달음'에 이르도록 하나니,

이러한 까닭에 모든 보살마하살은 여래가 멸도한 뒤에 마땅히 이 경을 항상 마음에 새겨 지니고서, 독송하며 해설하고 베껴 쓰도록 할지어다."

9.

이어서 세존께서 거듭하여 이 뜻을 펴시고자 게송으로 이르시길 :

頌 1

"과거세에 부처님이 계셨으니
　그 명호는 위음왕불(威音王佛)!
　신통(神通)·지혜(智慧) 한량없어
　일체중생 거느리고 이끄실새
　하늘·인간·용왕(龍神)들이

전부가 다 함께 공양 올렸도다.

　　　頌 2

① 이 부처님 멸도(滅度)한 뒤
　 정법 다해 상법(像法) 때에
　 한 보살(菩薩)이 있었으니
　 상불경(常不輕)은 그의 별명
② 즈음하여 사부대중(四部大衆)
　 법에 대해 분별하고 집착하니
　 이 상불경(常不輕) 보살비구
　 그곳 항상 찾아가서 말하기를
③ '나 그대들 경시하지
　 않으오니 그대들은
　 도를 닦아 응당 모두
　 성불(成佛) 하리.'
④ 모든 사람 듣고 나서
　 경멸하고 헐뜯으며

매도(罵倒)해도
　이상불경 보살비구
　능히 참고 감수하다
⑤ 남은 죄업 다 마치고
　임종하기 바로 직전
　이 경전을 듣게 되어
　육근 모두 맑아져서
⑥ 신통력을 얻었기에
　수명 또한 늘었으며
　다시 모든 사람 위해
　이 경 널리 설했으니
⑦ 법 집착(執著)한
　모든 대중(大衆)
　이 보살의 교화 입어
　불도 안에 머무름을
　성취(成就)했네.

頌 3

목숨마친 상불경은
많고많은 부처님을
만나뵙고 이경 설한
덕 분(德分)으로
한량없는 복을얻고
차츰차츰 공덕 갖춰
속히 불도 이뤘도다.

頌 4

① 그당시의 상불경은
바로지금 이몸이고
그때 법에 집착하고
경멸했던 사부대중!
② 너희 응당 성불한단
상불경의 말을 들은
이와 같은 인연으로

많고 많은 부처님을 만나 뵈니
③ 이 모임의 보살대중 오백 명과
　　　아울러서 사부대중
　　　청신사와 청신녀로
　　　지금 바로 내 앞에서
　　　법을 듣는 자가 바로 그들이라.

　　　　　頌 5
① 내가 지난 세상에서
　　　많은 이들 권장하여
　　　으뜸가는 가르침의
　　　이 경 듣고 새기도록 하였으며
② 열반(涅槃) 안에 머물도록
　　　열어 보여 가르치고 세세생생
　　　이 경전을 마음 새겨
　　　지니도록 하였노라.

　　　　　頌 6

㉠ 억만겁을 곱절 지나
　불가사의 겁 되어야
　그때 겨우 이 법화경
　듣고 받아 지닐거며
㉡ 억만겁을 곱절 지나
　불가사의 겁 되어야
　제불세존 때맞춰서
　이 경전을 설하시니
㉢ 수행자는 명심하고
　부처님이 멸도한 뒤
　이와 같은 경 듣고서
　의혹내지 말것이며
㉣ 응당 마음 기울여서
　널리 이 경 설한다면
　세세생생(世世生生)
　부처님을 만나 뵙고

속히 불도 이루리라."

묘법연화경 상불경보살품 제20 마침

묘법연화경(妙法蓮華經)
여래신력품(如來神力品) 제21

1.

그때에 땅에서 솟아 올라온 1천 세계의 가는 티끌 수 보살마하살이 모두가 부처님 앞에 일심으로 합장하고 존안을 우러러보며 부처님께 사뢰기를 :

"세존이시여! 저희들이 부처님께서 멸도하신 뒤에 세존의 분신들이 계시다가 멸도하실 국토에서 마땅히 이 경을 널리 설하겠나이다. 왜냐하오면 저희들도 또한 참되고도 청정한 이토록 위대한 가르침(眞淨大法)을 스스로 마음에 새겨 지니면서, 독송하며 해설하고 베껴 써서 공양하고자 하기 때문이옵니다."

2.

　그때에 세존께서 문수사리 등 예전부터 사바세계에 머무르던 한량없는 백천만억의 보살마하살과 모든 비구·비구니·우바새·우바이와 천·룡·야차와 건달바·아수라·가루라·긴나라·마후라가 등 사람인 듯 아닌 듯한 자들의 일체 대중 앞에 크나큰 신통력을 나타내시니.

　넓고도 긴 혀(廣長舌)를 내미시어 위로는 범천까지 이르렀으며, 일체 모든 모공(毛孔)에서는 한량없이 많고 많은 빛깔의 광명(光明)을 놓으사 시방세계를 두루 다 비추시거늘,

　온갖 보배나무 아래 사자좌 위의 제불께서도 또한 다시 이와 같이 넓고도 긴 혀를 내미시어 한량없는 광명을 놓으시더라.

　석가모니불과 보배나무 아래의 제불께서 백

천 년이 다 차도록 신통력을 나타내신 뒤에, 혀를 다시 거두시고 동시에 큰기침을 하시며 다 함께 손가락을 튕기시니, 이 두 가지의 소리가 시방 제불세계(諸佛世界)에 두루 이르러서 온 대지가 여섯 가지로 진동하더이다.

그곳의 천·룡·야차와 건달바·아수라·가루라·긴나라·마후라가 등 사람인 듯 아닌 듯한 중생들이 부처님의 위신력으로, 이 사바세계에 한량없고 끝이 없는 백천만억 온갖 보배나무 아래 사자좌 위의 제불을 모두 보았으며,

석가모니불께서 다보여래와 함께 보배탑 안의 사자좌에 앉아 계신 것도 보았으며,

또한 한량없고 끝이 없는 백천만억의 보살 마하살과 모든 네 부류의 대중들이 석가모니불을 공경하며 에워싼 것도 보고 나서, 곧

바로 모두가 크게 기뻐하며 미증유를 얻었음이라.

3.

바로 그때 여러 하늘이 허공에서 큰소리로, "이 한량없고 끝이 없는 백천만억 아승기 세계를 지나, 사바(娑婆)라는 세계가 있어 그곳에 부처님이 계시니 석가모니시라. 지금 모든 보살마하살을 위하사 대승경을 설하시거늘, 이름이 묘법연화로다. 보살을 가르치는 법이며 부처님께서 보살펴 두호하시나니, 그대들은 마땅히 마음속 깊이 따라서 기뻐하고 또한 석가모니불께 마땅히 예경하며 공양할지라." 고 외치거늘,

저 모든 중생들이 허공(虛空)에서 나는 소리를 듣고 사바세계를 향하여 합장(合掌)하고

'나무석가모니불! 나무석가모니불! 나무석가모니불!' 이와 같이 부르면서,

　가지가지 꽃과 향과 영락·깃발·일산 그리고 온갖 장신구와 진귀(珍貴)하고 묘한 물건들을 다 함께 멀리서 사바세계에 흩뿌리니, 흩뿌린 온갖 물건들이 시방에서 구름처럼 모여들어 보배 장막으로 변하여 여기 계신 제불(諸佛)의 위를 두루 덮었으니, 즈음하여 시방세계가 훤히 트여 걸림 없이 하나의 불국토 같았나이다.

4.

　그때에 부처님께서 상행(上行) 등의 보살대중에게 고하시길 :

　"제불의 위신력이 이와 같이 한량없고 끝이 없는 불가사의니, 만약에 내가 이러한 위신력

으로 한량없고 끝이 없는 백천만억 아승기겁 동안을 부촉(囑累)하기 위하여, 이 경의 공덕을 설할지라도 오히려 다할 수 없느니라.

요점을 말하자면, 여래의 일체 있는 바 법과 여래의 일체 자재한 신통력과 여래의 일체 비밀스러운 창고와 여래의 일체 깊고도 깊은 일을, 이 경에 전부 다 널리 펴서 보이고 드러내어 설하였느니라.

이러한 까닭에 그대들은 여래가 멸도한 뒤에 마땅히 일심으로 마음에 새겨 받아 지니면서, 독송하며 해설하고 베껴 써서 설한대로 수행할지어다.

어느 국토에 있더라도 만약에 마음에 새겨 지니면서, 독송하며 해설하고 베껴 써서 설한대로 수행한다면, 경전 있는 곳이 혹은 동산이거나 혹은 숲속이거나 때로는 나무 아래거나 때로는 승방이거나 혹은 속인의 집이거나 혹은 전당이거나 때로는 산골짝이거나 넓은 들판이든 간에, 그곳에 모두 마땅히 탑을 세우고 공양할지어다.

어인 까닭인고? 분명히 알지니, 그곳이 바로 도량이라.

모든 부처님! 그곳에서 '최상의 완전한 깨달음'을 얻으시고,

모든 부처님! 그곳에서 진리의 수레바퀴를 굴리시며,

모든 부처님! 그곳에서 완전한 열반에 드시기 때문이니라."

5.

이어서 세존께서 거듭하여 이 뜻을 펴시고자 게송으로 이르시길 :

頌1

① "이 세상(世上)을 구(救)하시는
제불(諸佛)께서 큰 신통(神通)에
머물면서 중생에게 기쁨 주려
한량없는 신통력을 나타내니
② 혀 내밀어 범천까지 다다르고
몸으로는 무수광명 놓았으며
불도만을 구하는 자 그를 위해
이와 같은 희유한 일 나타내고
③ 제불들의 기침 소리!
손가락을 튕긴 소리!
시방세계 두루 들려
온 대지가 6종으로
진동(震動)하고
④ 부처님이 멸도한 뒤
능히 이 경 지니도록

제불 모두 기뻐하셔
한량(限量) 없는
신통력을 나타내네.

頌2
① 이 경 부촉 위하여서
마음 새겨 지니는 자
찬미하되 한량없는
겁을 해도 되레 능히
다할 수가 없으리니
② 이 사람의 그 공덕은
끝도 없이 무궁하여
마치 시방 허공같아
정녕 끝을 알 수 없네.

頌3
능히 이 경 지니는 자
바로 나를 본 것이며

다보불과 분신불도
　　　또한친견 한것이며
　　　내가 지금 교화시킨
　　　보살들도 봄이로다.

　　頌 4

① 능히이경 지니는자
　　나와나의 분신불과
　　멸도(滅度)하신
　　다보불과 그 모두를
　　기쁘도록 하는거며
② 시방세계 현재불과
　　과거불과 미래불을
　　친견하고 공양하며
　　기쁨얻게 함이로다.

　　頌 5

① 부처님들 도량 앉아

얻으셨던 비밀한법
능(能)히 이 경(經)
지니는자 머잖아서
또한 응당 얻을거며
능히 이경 지니는자
일체법의 그 의미와
이름자와 언사들을
즐겨 설함 끝이없어
무엇에도 걸림없는
허공중의 바람같고
여래 멸도 하신뒤에
부처님의 설한경전
그 인연과 차례 알아
뜻을 따라 사실대로
설 법(說法) 하되
해와 달의 밝은빛이

능히 어둠 몰아내듯
이 사람은 세상 곳곳
다니면서 중생들의
어둠 능히 없애주고
⑤ 한량(限量) 없는
보살들을 가르쳐서
필경에는 일승 안에
머물도록 하거니와
그렇기에 지혜론 자
이런 공덕 이익 듣고
⑥ 나 멸도한 뒤에 응당
이 경 받아 지니리니
이 사람은 불도 믿되
결코 의심 없으리라."

묘법연화경 여래신력품 제21 마침

한글 묘법연화경 사경 ❹

불기 2567(癸卯)년 7월 15일 1쇄인쇄
불기 2567(癸卯)년 7월 25일 1쇄발행

편역인 ｜ 각운 석봉곡(覺雲 釋峰谷)
발행처 ｜ 불갑사 전일암
전남 영광군 불갑면 불갑사로 452-77
☎ 010-5558-4312
Email. mahaya14@hanmail.net

제작처 ｜ 불교서원
광주광역시 동구 동계천로95번길 34
☎ (062) 226-3056 · 5056 (팩스)
출판등록번호 : 제 105-01-0160호

ISBN 978-89-88442-39-5 (94220)
ISBN 978-89-88442-35-7 (5권세트)

정가 6,000원

본 책의 글 내용과 그림의 전재 및 복제를 금합니다.
책에 실린 변상도 저작권은 편역인에게 있으며 허가 없이 사용할 수 없습니다.